Impressum
Verlag: BABADADA GmbH, Nedderfeld 112 , 22529 Hamburg
Geschäftsführer / Verlagsleitung: Harald Hof
Druck: Books on Demand GmbH, In de Tarpen 42, 22848 Norderstedt

Imprint
Publisher: BABADADA GmbH, Nedderfeld 112 , 22529 Hamburg, Germany
Managing Director / Publishing direction: Harald Hof
Print: Books on Demand GmbH, In de Tarpen 42, 22848 Norderstedt

σχολείο
Szkoła

διαιρώ
dzielić

186/2

πίνακας
Tablica

σχολική τάξη
Sala lekcyjna

σχολική αυλή
Dziedziniec szkolny

δάσκαλος
Nauczyciel

χαρτί
Papier

γράφω
pisać

στυλό
Pisak

γραφείο
Biurko

χάρακας
Liniał

βιβλίο
Książka

μαθητής
Uczeń

σχολική τσάντα
Plecak szkolny

κασετίνα/ μολυβοθήκη
Piórnik

μολύβι
Ołówek

ξύστρα
Temperówka

γόμα
Gumka do mazania

μπλοκ ζωγραφικής
Blok rysunkowy

ζωγραφική

Rysunek

πινέλο

Pędzel

κουτί χρωμάτων

Pudełko z akwarelami

ψαλίδι

Nożyce

κόλλα

Klej

τετράδιο ασκήσεων

Książka do ćwiczenia

εργασία για το σπίτι

Zadanie domowe

αριθμός

Liczba

προσθέτω

dodawać

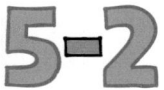

αφαιρώ

odejmować

πολλαπλασιάζω

mnożyć

υπολογίζω

liczyć

γράμμα

Litera

αλφάβητο

Alfabet

λέξη

Słowo

κείμενο

Tekst

διαβάζω

czytać

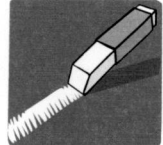

κιμωλία

Kreda

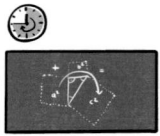

μάθημα

Godzina

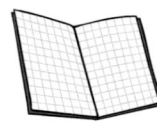

εγγράφομαι

Dziennik lekcyjny

τεστ

Egzamin

πιστοποιητικό

Świadectwo

μαθητική στολή

Mundurek szkolny

εκπαίδευση

Wykształcenie

εγκυκλοπαίδεια

Leksykon

πανεπιστήμιο

Uniwersytet

μικροσκόπιο

Mikroskop

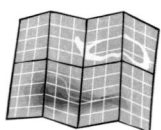

χάρτης

Mapa

καλάθι αχρήστων

Kosz na odpadki

σχολείο - Szkoła

ξενοδοχείο
Hotel

ξενώνας
Schronisko

ROOMS

EXCHANGE

ανταλλακτήρια συναλλάγματος
Kantor wymiany walut

βαλίτσα
Walizka

αυτοκίνητο
Auto

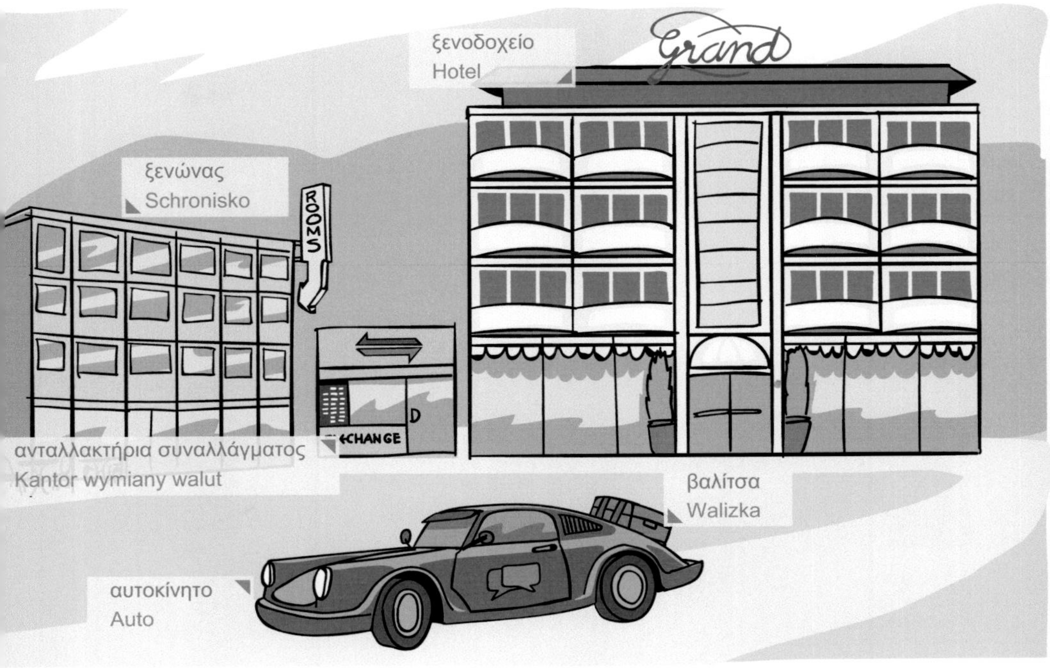

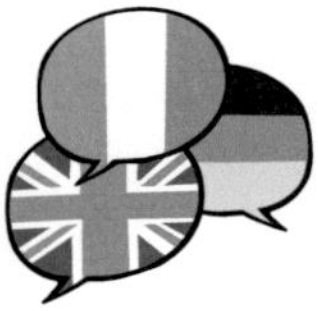

γλώσσα

Język

ναι / όχι

tak / nie

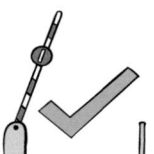

εντάξει

OK

γεια σου

Halo

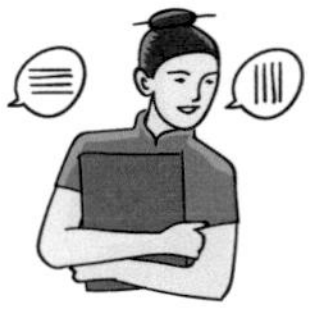

μεταφραστής

Tłumacz

Ευχαριστώ

Dziękuję

πόσο κάνει ;

Ile kosztuje ...?

Δε καταλαβαίνω

Nie rozumiem

πρόβλημα

Problem

Καλησπέρα!

Dobry wieczór!

Καλημέρα!

Dzień dobry!

Καληνύχτα!

Dobranoc!

Αντίο

Do widzenia

κατεύθυνση

Kierunek

αποσκευές

Bagaż

τσάντα

Torba

σακίδιο πλάτης

Plecak

καλεσμένος

Gość

δωμάτιο

Pokój

υπνόσακος

Śpiwór

σκηνή

Namiot

τουριστικές πληροφορίες

Informacja turystyczna

παραλία

Plaża

πιστωτική κάρτα

Karta kredytowa

πρωινό

Śniadanie

μεσημεριανό

Obiad

δείπνο

Kolacja

εισιτήριο

Bilet

ανελκυστήρας

Winda

γραμματόσημο

Znaczek na list

σύνορα

Granica

τελωνείο

Cło

πρεσβεία

Ambasada

βίζα

Wiza

διαβατήριο

Paszport

μεταφορά
Transport

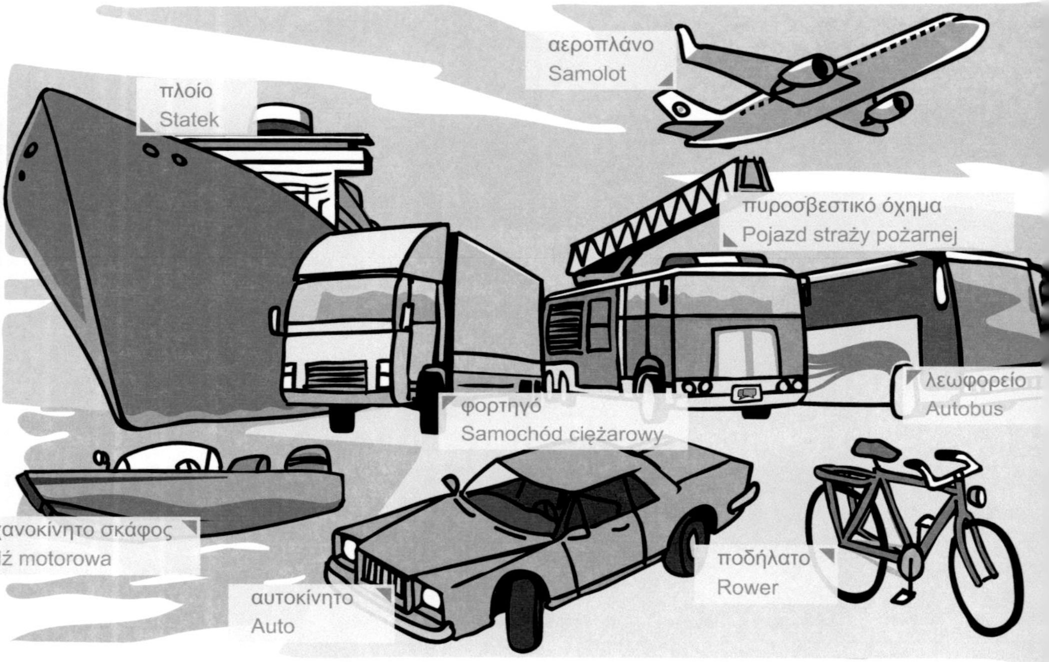

αεροπλάνο
Samolot
πλοίο
Statek
πυροσβεστικό όχημα
Pojazd straży pożarnej
λεωφορείο
Autobus
φορτηγό
Samochód ciężarowy
ηχανοκίνητο σκάφος
ódź motorowa
ποδήλατο
Rower
αυτοκίνητο
Auto

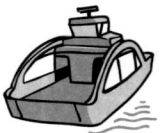

φεριμπότ

Prom

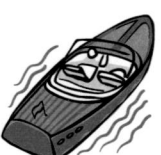

βάρκα

Łódź

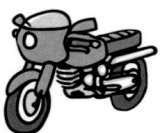

μοτοσικλέτα

Motocykl

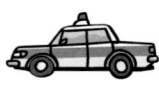

περιπολικό

Radiowóz policyjny

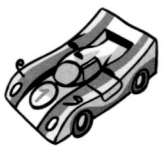

αγωνιστικό αυτοκίνητο

Samochód wyścigowy

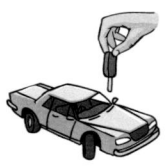

ενοικιαζόμενο αυτοκίνητο

Samochód wypożyczony

διαμοιρασμός αυτοκινήτων

Wspólne przejazdy
samochodem

γερανός

Samochód pomocy
drogowej

απορριμματοφόρο

Śmieciarka

κινητήρας

Silnik

καύσιμο

Benzyna

βενζινάδικο

Stacja benzynowa

πινακίδα σήμανσης

Znak drogowy

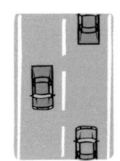

κυκλοφορία

Ruch

κυκλοφοριακή συμφόρηση

Korek

χώρος στάθμευσης

Parking

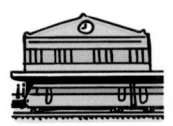

σιδηροδρομικός σταθμός

Dworzec

σιδηροδρομικές γραμμές

Szyny

τρένο

Pociąg

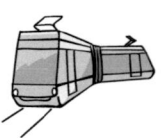

τραμ

Tramwaj

βαγόνι

Wagon

ελικόπτερο

Helikopter

αεροδρόμιο

Lotnisko

πύργος

Wieża

επιβάτης

Pasażer

εμπορευματοκιβώτιο

Kontener

χαρτοκιβώτιο

Karton

καρότσι

Taczka

καλάθι

Kosz

απογειώνομαι /
προσγειόνομαι

startować / lądować

πόλη
Miasto

χωριό

Wieś

κέντρο της πόλης

Centrum miasta

σπίτι

Dom

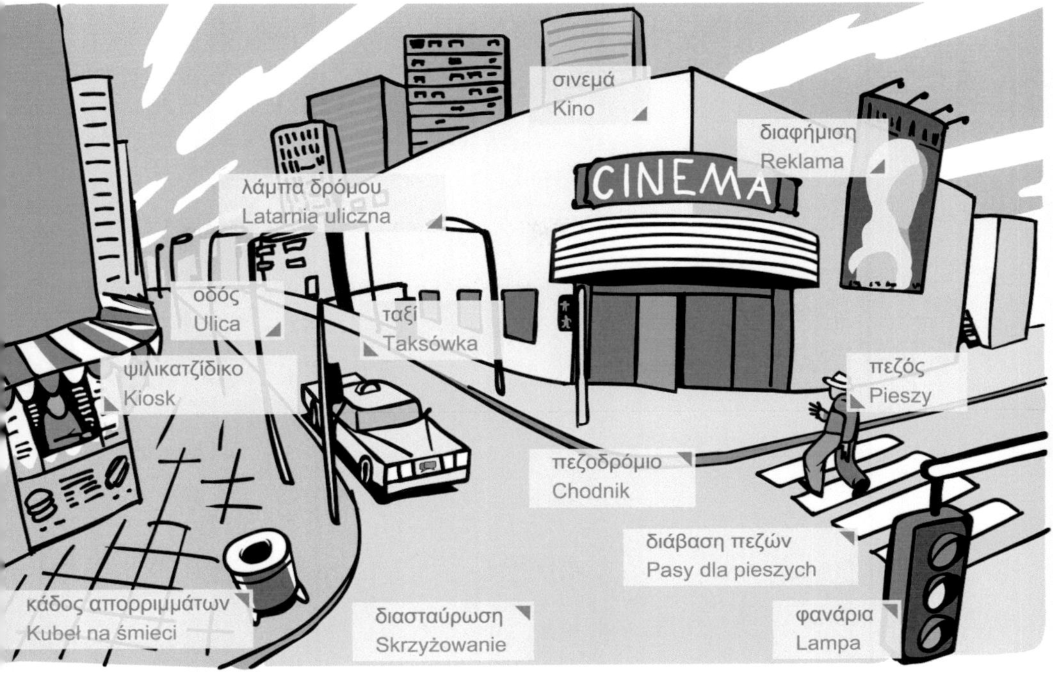

σινεμά
Kino

διαφήμιση
Reklama

λάμπα δρόμου
Latarnia uliczna

οδός
Ulica

ταξί
Taksówka

ψιλικατζίδικο
Kiosk

πεζός
Pieszy

πεζοδρόμιο
Chodnik

διάβαση πεζών
Pasy dla pieszych

κάδος απορριμμάτων
Kubeł na śmieci

διασταύρωση
Skrzyżowanie

φανάρια
Lampa

CINEMA

καλύβα

Chata

διαμέρισμα

Mieszkanie

σιδηροδρομικός σταθμός

Dworzec

δημαρχείο

Ratusz

μουσείο

Muzeum

σχολείο

Szkoła

πανεπιστήμιο
Uniwersytet

τράπεζα
Bank

νοσοκομείο
Szpital

ξενοδοχείο
Hotel

φαρμακείο
Apteka

γραφείο
Biuro

βιβλιοπωλείο
Księgarnia

κατάστημα
Sklep

ανθοπωλείο
Kwiaciarnia

σούπερ μάρκετ
Supermarket

αγορά
Rynek

πολυκατάστημα
Dom towarowy

ιχθυοπωλείο
Sklep z rybami

εμπορικό κέντρο
Centrum handlowe

λιμάνι
Port

πάρκο

Park

παγκάκι

Ławka

γέφυρα

Most

σκάλες

Schody

μετρό

Metro

τούνελ

Tunel

στάση λεωφορείου

Przystanek autobusowy

μπαρ

Bar

εστιατόριο

Restauracja

γραμματοκιβώτιο

Skrzynka na listy

πινακίδα δρόμου

Tabliczka z nazwą ulicy

παρκόμετρο

Parkometr

ζωολογικός κήπος

Zoo

πισίνα

Łaźnia

τζαμί

Meczet

αγρόκτημα

Gospodarstwo chłopskie

ρύπανση

Zanieczyszczenie środowiska

νεκροταφείο

Cmentarz

εκκλησία

Kościół

παιδική χαρά

Plac zabaw

ναός

Świątynia

τοπίο
Krajobraz

φύλλο
Liść

πινακίδα κατεύθυνσης
Drogowskaz

δρόμος
Droga

λιβάδι
Łąka

πέτρα
Kamień

δέντρο
Drzewo

πεζοπόρος
Wędrowiec

ποτάμι
Rzeka

χορτάρι
Trawa

λουλούδι
Kwiat

κοιλάδα

Dolina

λόφος

Góra

λίμνη

Jezioro

δάσος

Las

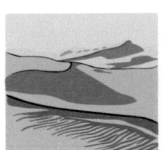

έρημος

Pustynia

ηφαίστειο

Wulkan

κάστρο

Zamek

ουράνιο τόξο

Tęcza

μανιτάρι

Grzyb

φοίνικας

Palma

κουνούπι

Komar

μύγα

Mucha

μυρμήγκι

Mrówka

μέλισσα

Pszczoła

αράχνη

Pająk

σκαθάρι

Chrząszcz

βάτραχος

Żaba

σκίουρος

Wiewiórka

σκαντζόχοιρος

Jeż

λαγός

Zając

κουκουβάγια

Sowa

πουλί

Ptak

κύκνος

Łabędź

αγριογούρουνο

Dzik

ελάφι

Jeleń

άλκη

Łoś

φράγμα

Tama

ανεμογεννήτρια

Wiatrak

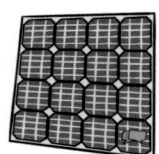

ηλιακός συλλέκτης

Moduł solarny

κλίμα

Klimat

εστιατόριο
Restauracja

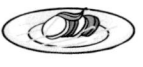

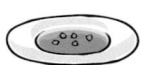

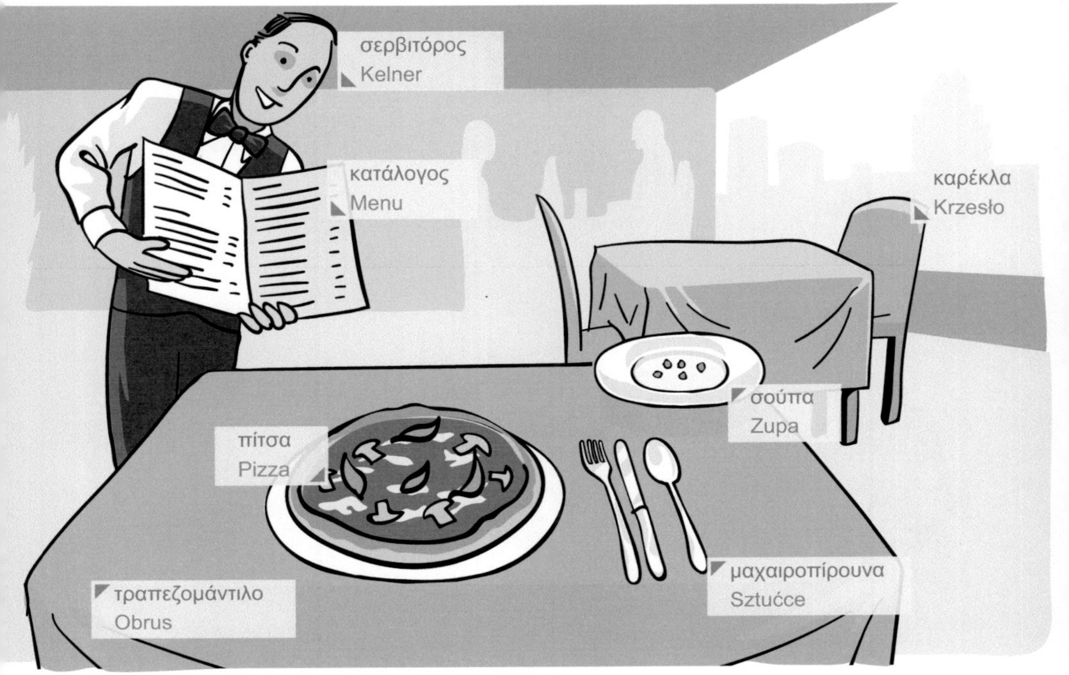
σερβιτόρος
Kelner
κατάλογος
Menu
καρέκλα
Krzesło
σούπα
Zupa
πίτσα
Pizza
μαχαιροπίρουνα
Sztućce
τραπεζομάντιλο
Obrus

ορεκτικό

Przystawka

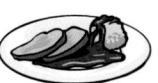

κύριο πιάτο

Danie główne

επιδόρπιο

Deser

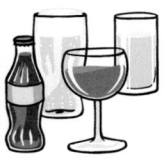

ποτά

Napoje

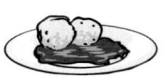

φαγητό

Jedzenie

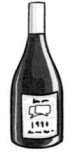

μπουκάλι

Butelka

φαστ φουντ

Fastfood

φαγητό στ' όρθιο

Streetfood

τσαγιέρα

Dzbanek na herbatę

δοχείο ζάχαρης

Cukierniczka

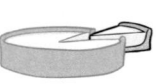

μερίδα

Porcja

μηχανή εσπρέσο

Zaparzarka do espresso

ψηλή καρέκλα

Krzesło dla dziecka

λογαριασμός

Rachunek

δίσκος

Taca

μαχαίρι

Nóż

πιρούνι

Widelec

κουτάλι

Łyżka

κουταλάκι του τσαγιού

Łyżeczka

πετσέτα φαγητού

Serwetka

ποτήρι

Szklanka

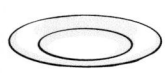

πιάτο

Talerz

πιάτο σούπας

Talerz do zupy

πιατάκι φλιτζανιού

Podstawek pod filiżankę

σάλτσα

Sos

αλατιέρα

Solniczka

μύλος για πιπέρι

Młynek do pieprzu

ξύδι

Ocet

λάδι

Olej

μπαχαρικά

Przyprawy

κέτσαπ

Keczup

μουστάρδα

Musztarda

μαγιονέζα

Majonez

σούπερ μάρκετ
Supermarket

προσφορά
Oferta
FOR
πελάτης
Klient
γαλακτοκομικά προϊόντα
Produkty mleczne
φρούτα
Owoce
καρότσι για ψώνια
Wózek sklepowy

BUTCHERS

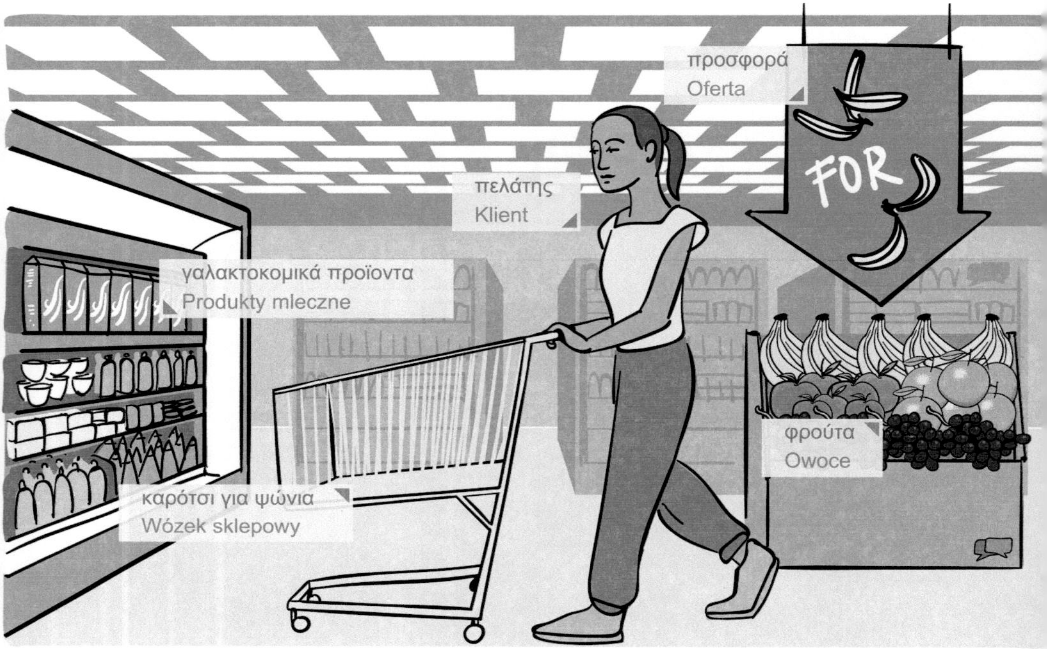

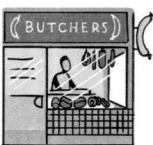

κρεοπωλείο

Rzeźnia

BAKERY

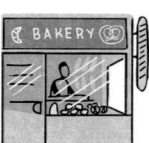

φούρνος

Piekarnia

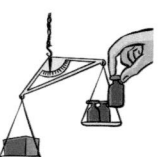

ζυγίζω

ważyć

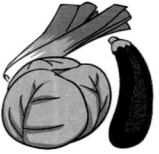

λαχανικά

Warzywa

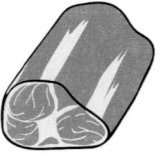

κρέας

Mięso

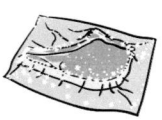

κατεψυγμένα τρόφιμα

Mrożonki

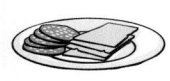

αλλαντικά

Wędliny

κονσερβοποιημένη τροφή

Konserwy

απορρυπαντικό ρούχων

Proszek m do prania

γλυκά

Słodycze

οικιακά είδη

Artykuły użytku domowego

καθαριστικά προϊόντα

Środek czyszczący

πωλήτρια

Sprzedawczyni

ταμείο

Kasa

ταμίας

Kasjer

λίστα για ψώνια

Lista zakupów

ωράριο λειτουργίας

Godziny otwarcia

πορτοφόλι

Portfel

πιστωτική κάρτα

Karta kredytowa

τσάντα

Torba

πλαστική σακούλα

Torebka plastikowa

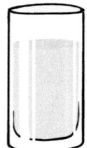

νερό

Woda

χυμός

Sok

γάλα

Mleko

κόκα κόλα

Cola

κρασί

Wino

μπίρα

Piwo

αλκοόλ

Alkohol

κακάο

Kakao

τσάι

Herbata

καφές

Kawa

εσπρέσο

Espresso

καπουτσίνο

Cappuccino

μπανάνα

Banan

μήλο

Jabłko

πορτοκάλι

Pomarańcza

πεπόνι

Arbuz

λεμόνι

Cytryna

καρότο

Marchew

σκόρδο

Czosnek

μπαμπού

Bambus

κρεμμύδι

Cebula

μανιτάρι

Grzyb

ξηροί καρποί

Orzechy

νουντλς

Makaron

μακαρόνια

Spaghetti

ρύζι

Ryż

σαλάτα

Sałatka

πατατάκια

Frytki

τηγανητές πατάτες

Ziemniaki pieczone

πίτσα

Pizza

χάμπουργκερ

Hamburger

σάντουιτς

Kanapka

κοτολέτα

Sznycel

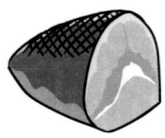

ζαμπόν

Szynka

σαλάμι

Salami

λουκάνικο

Kiełbasa

κοτόπουλο

Kura

ψητό

Pieczeń

ψάρι

Ryba

χυλός βρώμης

Płatki owsiane

μούσλι

Musli

κορν φλέικς

Płatki kukurydziane

αλεύρι

Mąka

κρουασάν

Croissant

ψωμάκι

Bułka

ψωμί

Chleb

τοστ

Toast

μπισκότα

Ciastka

βούτυρο

Masło

τυρόπηγμα

Twarożek

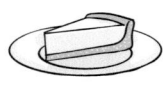

κέικ

Ciasto

αυγό

Jajko

τηγανητό αυγό

Jajko sadzone

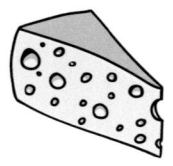

τυρί

Ser

παγωτό

Lody

ζάχαρη

Cukier

μέλι

Miód

μαρμελάδα

Marmolada

άλλειμμα σοκολάτας

Krem nugatowy

κάρυ

Curry

αγρόκτημα
Gospodarstwo chłopskie

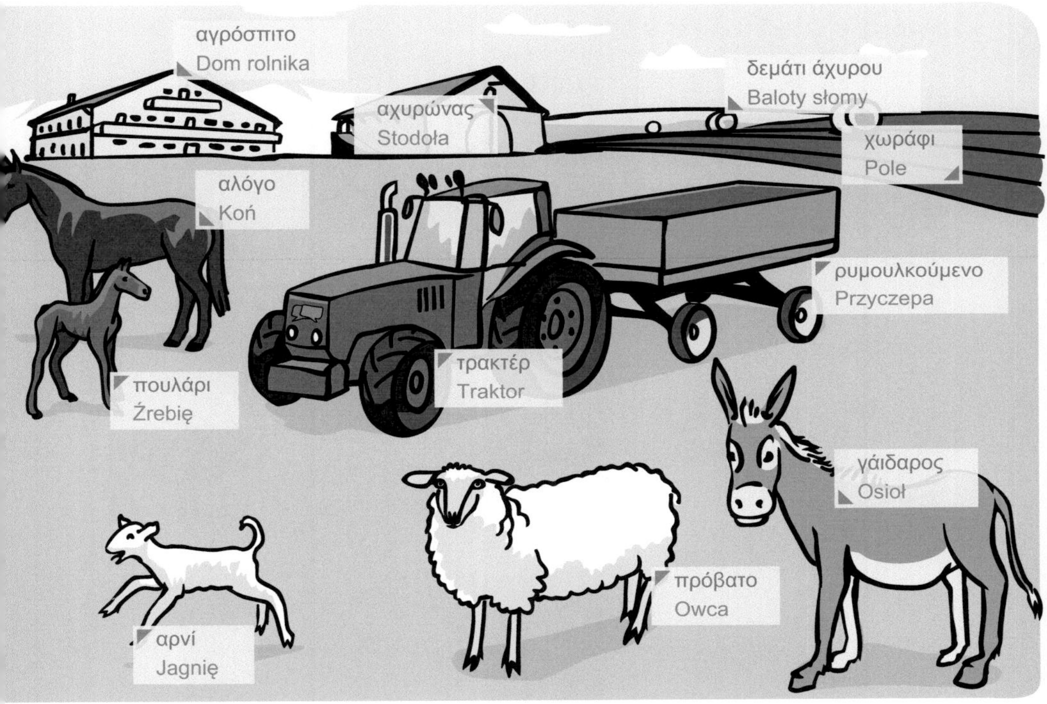
αγρόσπιτο
Dom rolnika
αχυρώνας
Stodoła
δεμάτι άχυρου
Baloty słomy
χωράφι
Pole
αλόγο
Koń
ρυμουλκούμενο
Przyczepa
πουλάρι
Źrebię
τρακτέρ
Traktor
γάιδαρος
Osioł
πρόβατο
Owca
αρνί
Jagnię

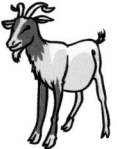

κατσίκα

Koza

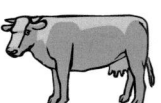

αγελάδα

Krowa

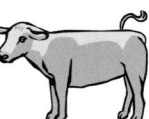

μοσχαράκι

Cielę

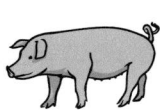

γουρούνι

Świnia

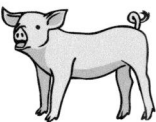

γουρουνάκι

Prosię

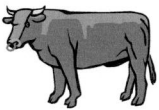

ταύρος

Byk

χήνα

Gęś

πάπια

Kaczka

κοτοπουλάκι

Kurczątko

κότα

Kura

κόκορας

Kogut

αρουραίος

Szczur

γάτα

Kot

ποντίκι

Mysz

βόδι

Osioł

σκύλος

Pies

σπιτάκι σκύλου

Buda dla psa

λάστιχο κήπου

Wąż ogrodowy

ποτιστήρι

Konewka

θεριστήρι

Kosa

αλέτρι

Pług

αγρόκτημα - Gospodarstwo chłopskie

δρεπάνι

Sierp

τσάπα

Graca

δίκρανο

Widły

τσεκούρι

Siekiera

χειράμαξα

Taczka

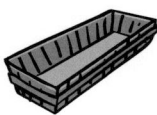

ταΐστρα

Koryto

δοχείο γάλακτος

Kanka na mleko

σάκος

Worek

φράχτης

Płot

στάβλος

Stajnia

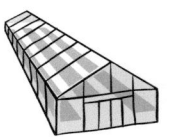

θερμοκήπιο

Szklarnia

έδαφος

Ziemia

σπόρος

Nasiona

λίπασμα

Nawóz

θεριζοαλωνιστική μηχανή

Kombajn zbożowy

θερίζω

zbierać

συγκομιδή

Żniwa

γιαμς

Podchrzyn

σιτάρι

Pszenica

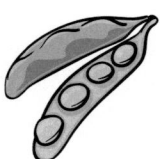

σόγια

Soja

πατάτα

Ziemniak

καλαμπόκι

Kukurydza

κράμβη

Rzepak

οπωροφόρο δέντρο

Drzewo owocowe

μανιόκα

Maniok

δημητριακά

Zboże

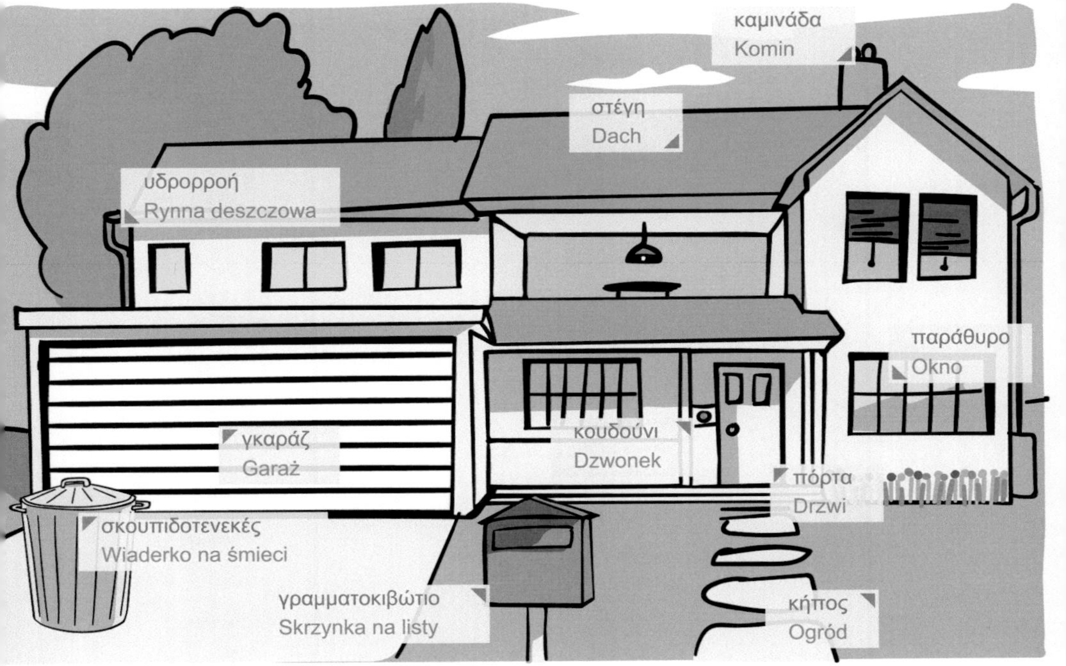

καμινάδα
Komin

στέγη
Dach

υδρορροή
Rynna deszczowa

παράθυρο
Okno

γκαράζ
Garaż

κουδούνι
Dzwonek

πόρτα
Drzwi

σκουπιδοτενεκές
Wiaderko na śmieci

γραμματοκιβώτιο
Skrzynka na listy

κήπος
Ogród

σαλόνι

Pokój dzienny

μπάνιο

Łazienka

κουζίνα

Kuchnia

υπνοδωμάτιο

Sypialnia

παιδικό δωμάτιο

Pokój dziecięcy

τραπεζαρία

Jadalnia

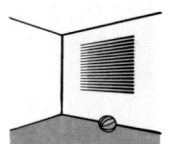

πάτωμα

Ziemia

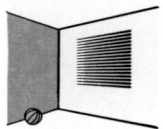

τοίχος

Ściana

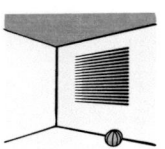

οροφή

Koc

κελάρι

Piwnica

σάουνα

Sauna

μπαλκόνι

Balkon

βεράντα

Taras

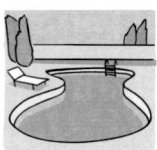

πισίνα

Basen

μηχανή του γκαζόν

Kosiarka do trawy

σεντόνι

Poszwa

κάλυμμα κρεβατιού

Kołdra

κρεβάτι

Łóżko

σκούπα

Miotła

κουβάς

Wiadro

διακόπτης

Włącznik

σαλόνι
Pokój dzienny

ταπετσαρία
Tapeta
φωτογραφία
Obraz
λάμπα
Lampa
ράφι
Regał
ντουλάπι
Szafa
τηλεόραση
Telewizor
τζάκι
Komin
λουλούδι
Kwiat
μαξιλάρι
Poduszka
καναπές
Kanapa
βάζο
Wazon
τηλεκοντρόλ
Pilot

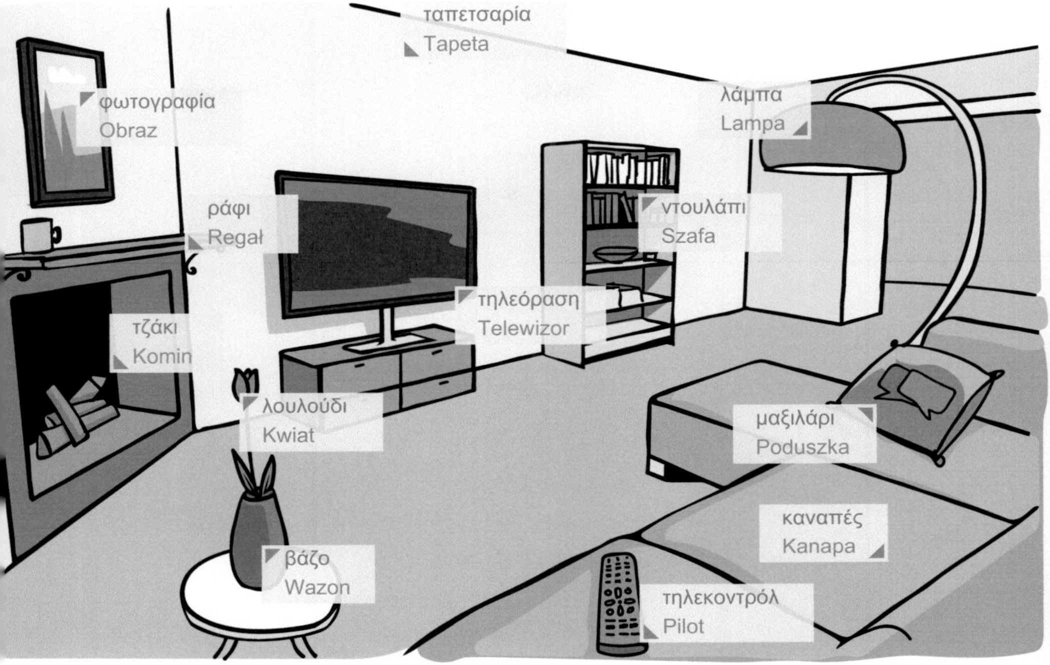

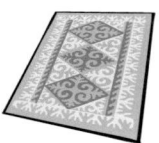

χαλί

Dywan

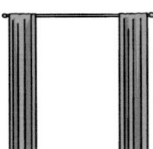

κουρτίνα

Zasłona

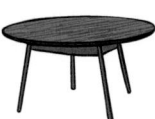

τραπέζι

Stół

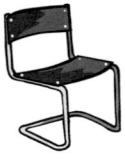

καρέκλα

Krzesło

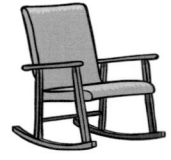

κουνιστή πολυθρόνα

Bujak

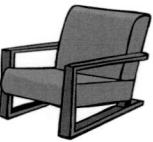

πολυθρόνα

Fotel

βιβλίο

Książka

κουβέρτα

Sufit

διακόσμηση

Dekoracja

καυσόξυλα

Drewno kominkowe

ταινία

Film

στερεοφωνικό σύστημα

Instalacja stereo

κλειδί

Klucz

εφημερίδα

Gazeta

πίνακας ζωγραφικής

Malunek

αφίσα

Plakat

ραδιόφωνο

Radio

σημειωματάριο

Notatnik

ηλεκτρική σκούπα

Odkurzacz

κάκτος

Kaktus

κερί

Świeczka

κουζίνα
Kuchnia

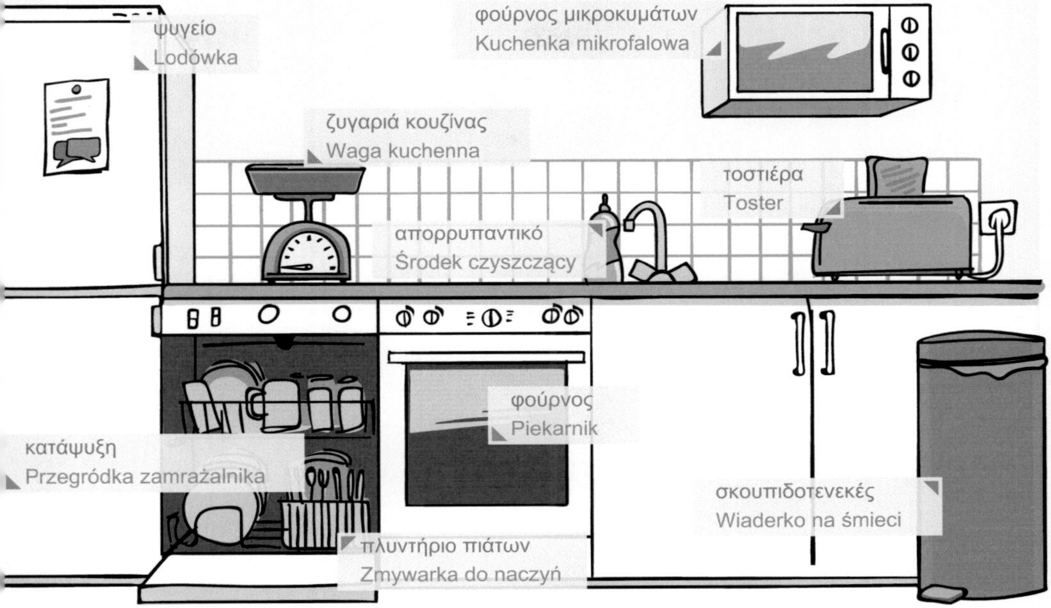
ψυγείο
Lodówka
φούρνος μικροκυμάτων
Kuchenka mikrofalowa
ζυγαριά κουζίνας
Waga kuchenna
τοστιέρα
Toster
απορρυπαντικό
Środek czyszczący
φούρνος
Piekarnik
κατάψυξη
Przegródka zamrażalnika
σκουπιδοτενεκές
Wiaderko na śmieci
πλυντήριο πιάτων
Zmywarka do naczyń

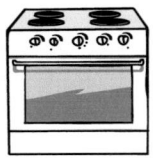

κουζίνα

Kuchenka

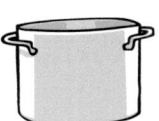

κατσαρόλα

Garnek

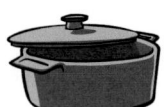

μαντεμένια κατσαρόλα

Kocioł żeliwny

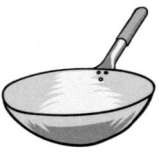

γουόκ/καντάι

Wok / Kadai

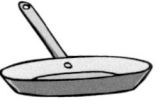

τηγάνι

Patelnia

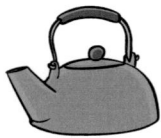

βραστήρας

Czajnik

ατμομάγειρας

Parowar

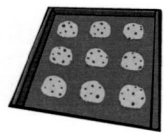

ταψί

Blacha do pieczenia

πιατικά

Naczynia kuchenne

κούπα

Kubek

μπολ

Miska

ξυλάκια

Pałeczki

κουτάλα

Nabierka

σπάτουλα

Łopatka do smażenia

ανακατεύω

Trzepaczka do śmietany

σουρωτήρι

Cedzak

σουρωτηράκι

Sitko

τρίφτης

Tarka

γουδί

Moździerz

ψησταριά

Grillowanie

ανοιχτή φωτιά

Palenisko

σανίδα κοπής

Deska

πλάστης

Wałek do ciasta

ανοιχτήρι φελλών

Korkociąg

κονσέρβα

Puszka

ανοιχτήρι κονσέρβας

Otwieracz do puszek

γάντι φούρνου

Ściereczka do trzymania garnka

νεροχύτης

Umywalka

βούρτσα

Szczotka

σφουγγάρι

Gąbka

μπλέντερ

Mikser

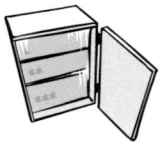

καταψύκτης

Zamrażarka

μπιμπερό

Butelka dla niemowlęcia

βρύση

Kran

μπάνιο
Łazienka

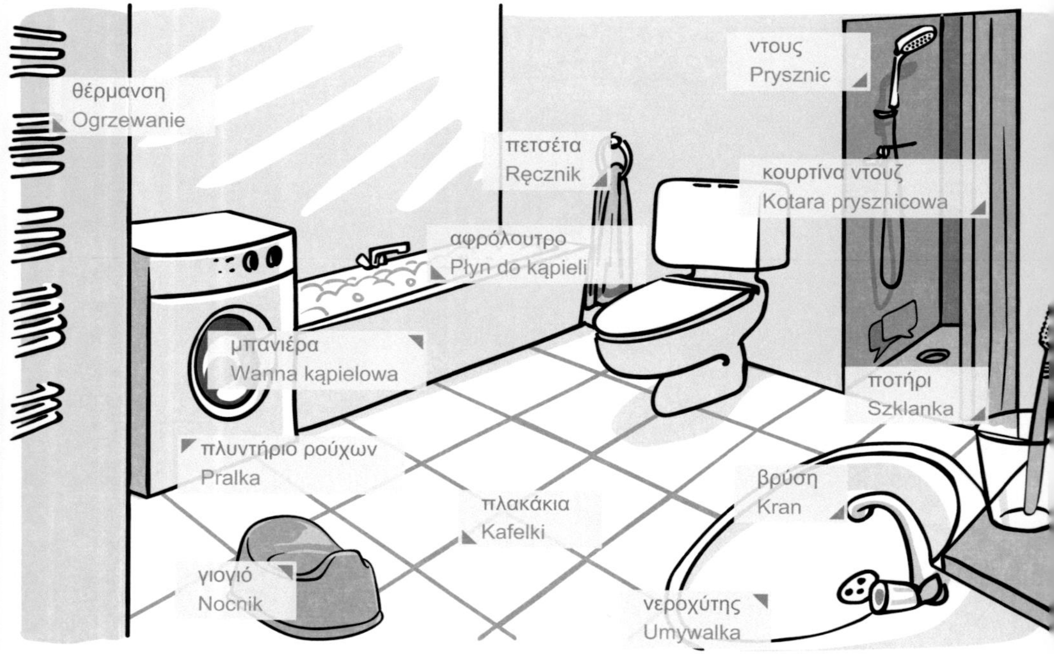

θέρμανση
Ogrzewanie

ντους
Prysznic

πετσέτα
Ręcznik

κουρτίνα ντουζ
Kotara prysznicowa

αφρόλουτρο
Płyn do kąpieli

μπανιέρα
Wanna kąpielowa

ποτήρι
Szklanka

πλυντήριο ρούχων
Pralka

πλακάκια
Kafelki

βρύση
Kran

γιογιό
Nocnik

νεροχύτης
Umywalka

τουαλέτα

Toaleta

τούρκικη τουαλέτα

Toaleta kuczna

μπιντές

Bidet

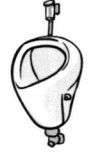

ουρητήριο

Pisuar

χαρτί υγείας

Papier toaletowy

πιγκάλ

Szczotka toaletowa

οδοντόβουρτσα

Szczoteczka do zębów

οδοντόκρεμα

Pasta do zębów

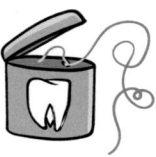

οδοντικό νήμα

Nitki do czyszczenia zębów

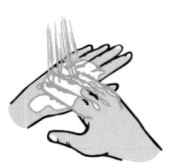

πλένω

myć

τηλέφωνο ντους

Głowica prysznicowa

ντουσιέρα

Płyn kąpielowy do higieny intymnej

λεκάνη

Miska do mycia

βούρτσα πλάτης

Szczotka kąpielowa

σαπούνι

Mydło

αφρόλουτρο

Żel prysznicowy

σαμπουάν

Szampon

φανέλα

Rękawica kąpielowa

σιφόνι

Odpływ

κρέμα

Krem

αποσμητικό

Dezodorant

καθρέφτης

Lustro

καθρέφτης χειρός

Lustro kosmetyczne

ξυραφάκι

Golarka

αφρός ξυρίσματος

Pianka do golenia

αφτερσέιβ

Woda po goleniu

χτένα

Grzebień

βούρτσα

Szczotka

σεσουάρ

Suszarka do włosów

λακ

Spray do włosów

μακιγιάζ

Makijaż

κραγιόν

Pomadka

βερνίκι νυχιών

Lakier do paznokci

βαμβάκι

Wata

ψαλίδι νυχιών

Nożyczki do paznokci

άρωμα

Perfum

νεσεσέρ

Kosmetyczka

σκαμπό

Taboret

ζυγαριά

Waga

μπουρνούζι

Szlafrok kąpielowy

ελαστικά γάντια

Rękawice gumowe

ταμπόν

Tampon

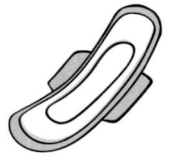

πετσέτα υγιεινής

Podpaska damska

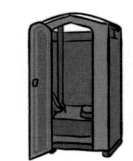

χημική τουαλέτα

Toaleta chemiczna

παιδικό δωμάτιο

Pokój dziecięcy

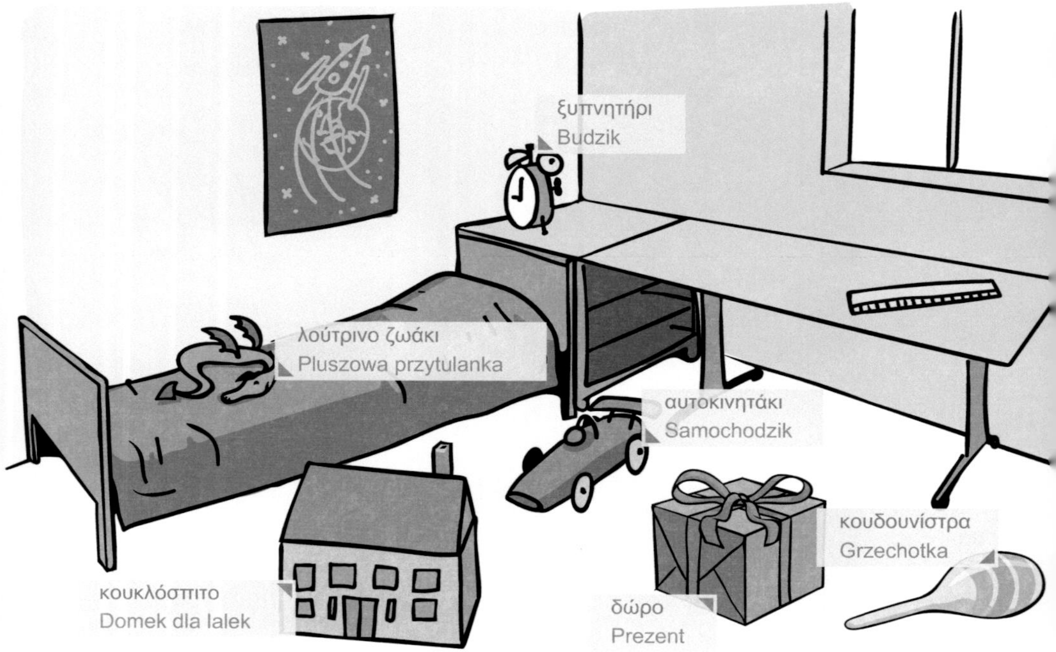

ξυπνητήρι
Budzik
λούτρινο ζωάκι
Pluszowa przytulanka
αυτοκινητάκι
Samochodzik
κουδουνίστρα
Grzechotka
κουκλόσπιτο
Domek dla lalek
δώρο
Prezent

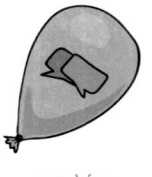

μπαλόνι

Balon

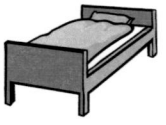

κρεβάτι

Łóżko

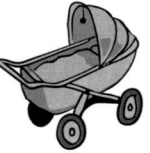

καροτσάκι

Wózek dziecięcy

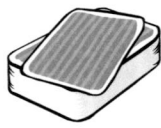

τράπουλα

Gra w karty

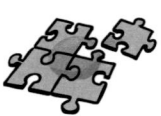

παζλ

Puzzle

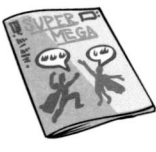

κόμικς

Komiks

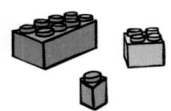

τουβλάκια lego

Klocki lego

τουβλάκια κατασκευών

Klocki

φιγούρα δράσης

Action figura

βρεφικό φορμάκι

Śpioszek dziecięcy

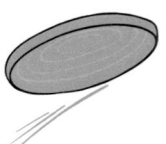

φρίσμπι

Frisbee

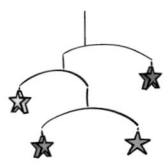

μόμπιλο

Zabawki ruchome

επιτραπέζιο παιχνίδι

Gra planszowa

ζάρια

Kości

σετ τρενάκι

Kolejka elektryczna

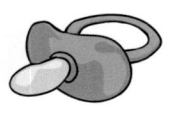

πιπίλα

Smoczek

πάρτι

Przyjęcie

εικονογραφημένο βιβλίο

Książka z ilustracjami

μπάλα

Piłka

κούκλα

Lalka

παίζω

bawić się

σκάμμα με άμμο

Piaskownica

κούνια

Huśtawka

παιχνίδια

Zabawki

κονσόλα βιντεοπαιχνιδιών

Konsola do gier

τρίκυκλο

Rowerek trójkołowy

αρκουδάκι

Pluszowy miś

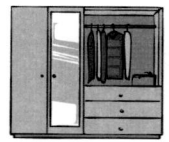

ντουλάπα

Szafa ubraniowa

ρούχα
Ubiór

κάλτσες

Skarpety

καλτσοδέτες

Pończochy

καλσόν

Rajstopy

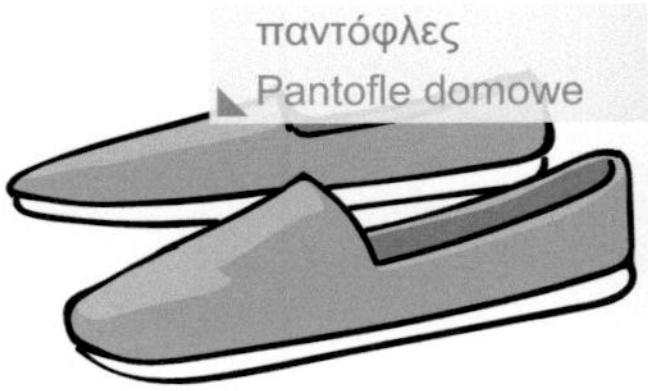

κασκόλ
Szal

ομπρέλα
Parasol

μπλουζάκι
T-Shirt

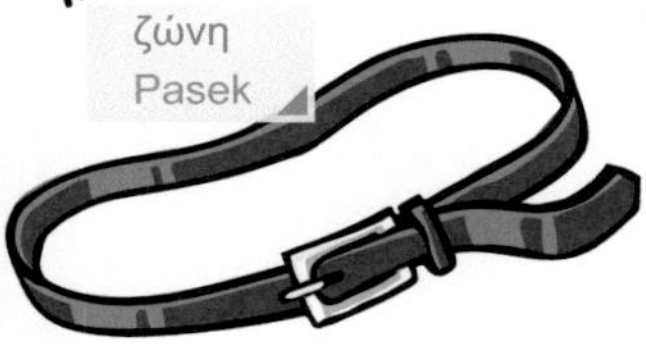

ζώνη
Pasek

μπότες
Kozaki

παντόφλες
Pantofle domowe

αθλητικά παπούτσια
Obuwie sportowe

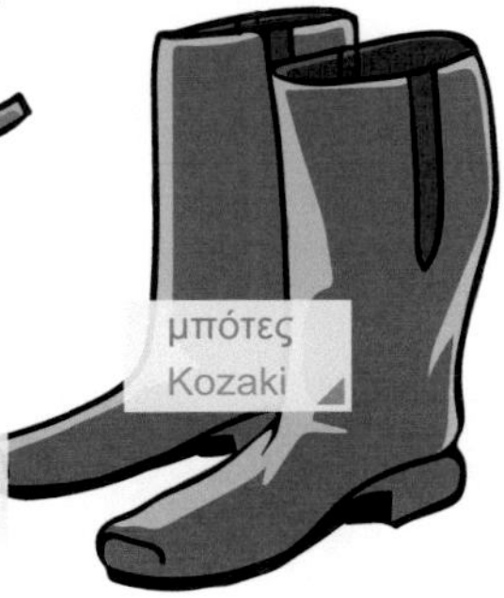

σανδάλια
Sandały

παπούτσια
Buty

γαλότσες
Kalosze

εσώρουχο
Majtki

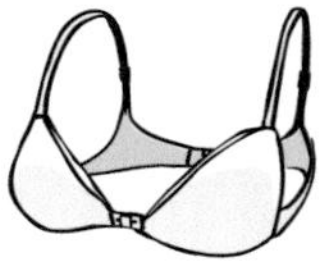

σουτιέν
Biustonosz

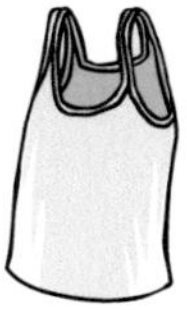

φανέλα
Podkoszulek

σώμα

Body

παντελόνι

Spodnie

τζιν παντελόνι

Dżins

φούστα

Spódnica

μπλούζα

Bluzka

πουκάμισο

Koszula

πουλόβερ

Pulower

πουλόβερ

Bluza sportowa

σακάκι

Marynarka

μπουφάν

Kurtka

παλτό

Płaszcz

αδιάβροχο πανωφόρι

Płaszcz przeciwdeszczowy

κοστούμι

Kostium

φόρεμα

Sukienka

νυφικό

Suknia ślubna

κοστούμι

Garnitur męski

νυχτικό

Koszula nocna

πιτζάμες

Piżama

σάρι

Sari

μαντήλι

Chusta na głowę

τουρμπάνι

Turban

μπούρκα

Burka

καφτάνι

Kaftan

μουσουλμανικό ένδυμα

Abaya

ολόσωμο μαγιό

Strój kąpielowy

ανδρικό μαγιό

Kąpielówki

σορτς

Krótkie spodnie

αθλητική φόρμα

Dres sportowy

ποδιά

Fartuch

γάντια

Rękawiczki

κουμπί

Guzik

γυαλιά

Okulary

βραχιόλι

Bransoletka

περιδέραιο

Łańcuszek

δαχτυλίδι

Pierścionek

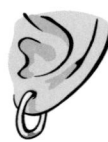

σκουλαρίκι

Kolczyk

καπέλο

Czapka

κρεμάστρα

Wieszak

καπέλο

Kapelusz

γραβάτα

Krawat

φερμουάρ

Zamek błyskawiczny

κράνος

Kask

τιράντες

Szelki

μαθητική στολή

Mundurek szkolny

στολή

Mundur

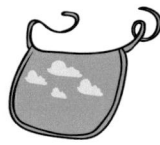

σαλιάρα

Śliniaczek

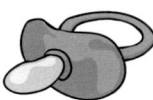

πιπίλα

Smoczek

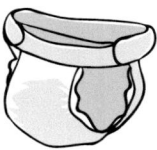

πάνα

Pieluszka

γραφείο
Biuro

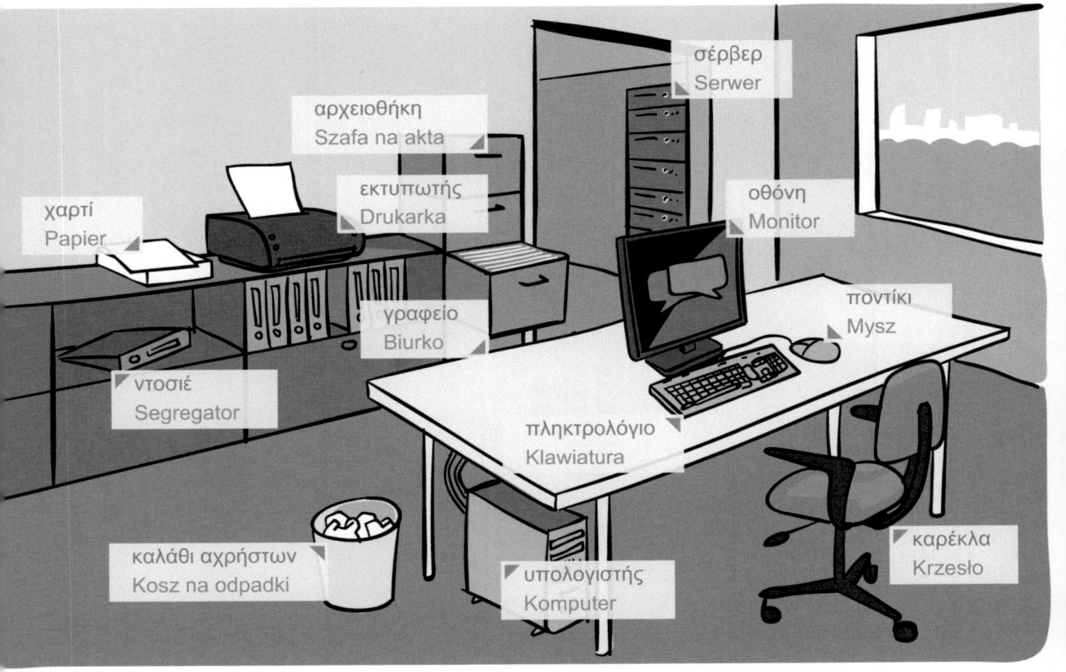

σέρβερ
Serwer
αρχειοθήκη
Szafa na akta
εκτυπωτής
Drukarka
χαρτί
Papier
οθόνη
Monitor
ποντίκι
Mysz
γραφείο
Biurko
ντοσιέ
Segregator
πληκτρολόγιο
Klawiatura
καρέκλα
Krzesło
καλάθι αχρήστων
Kosz na odpadki
υπολογιστής
Komputer

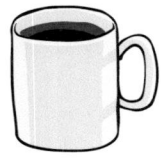

κούπα του καφέ

Filiżanka do kawy

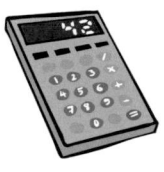

κομπιουτεράκι

Kalkulator

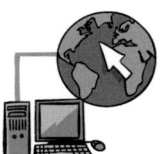

ίντερνετ

Internet

λάπτοπ

Laptop

γράμμα

List

μήνυμα

Wiadomość

κινητό

Komórka

δίκτυο

Sieć

φωτοτυπικό μηχάνημα

Kopiarka

λογισμικό

Oprogramowanie

τηλέφωνο

Telefon

πρίζα

Gniazdko

συσκευή φαξ

Faks

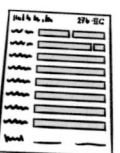

έντυπο

Formularz

έγγραφο

Dokument

αγοράζω

kupić

πληρώνω

płacić

συναλλάσσομαι

postępować

χρήματα

Pieniądze

δολάριο

Dolar

ευρώ

Euro

γιεν

Jen

ρούβλι

Rubel

ελβετικό φράγκο

Frank

ρενμίνμπι γιουάν

Juan Renminbi

ρουπία

Rupia

ATM (αυτόματη ταμειακή μηχανή)

Bankomat

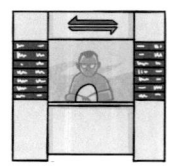

ανταλλακτήρια
συναλλάγματος

Kantor wymiany walut

χρυσός

Złoto

ασήμι

Srebro

πετρέλαιο

Olej

ενέργεια

Energia

τιμή

Cena

συμβόλαιο

Umowa

φόρος

Podatek

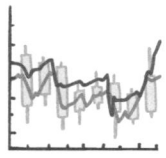

μετοχή

Akcja

δουλεύω

pracować

υπάλληλος

Pracownik umysłowy

εργοδότης

Pracodawca

εργοστάσιο

Fabryka

κατάστημα

Sklep

επαγγέλματα
Zawody

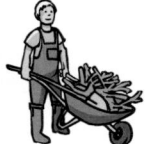

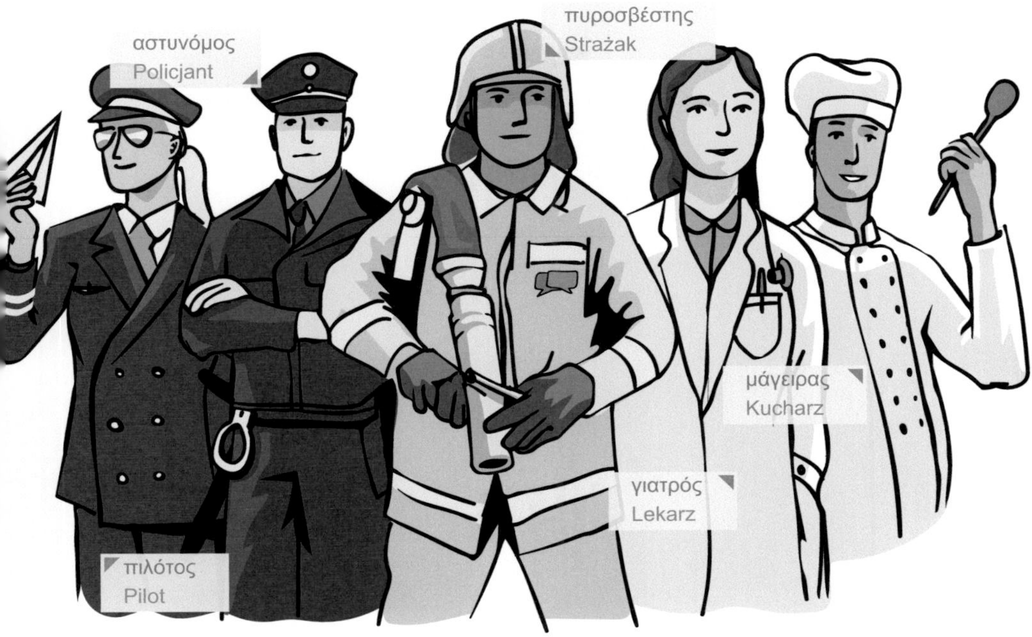

αστυνόμος
Policjant
πυροσβέστης
Strażak
μάγειρας
Kucharz
γιατρός
Lekarz
πιλότος
Pilot

κηπουρός

Ogrodnik

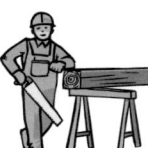

ξυλουργός

Stolarz

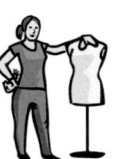

μοδίστρα

Krawcowa

δικαστής

Sędzia

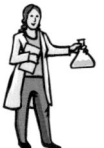

χημικός

Chemik

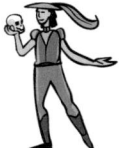

ηθοποιός

Aktor

οδηγός λεωφορείου

Kierowca autobusu

ταξιτζής

Taksówkarz

ψαράς

Fischer

καθαρίστρια

Sprzątaczka

τεχνίτης στεγών

Dekarz

σερβιτόρος

Kelner

κυνηγός

Myśliwy

ζωγράφος

Malarz

αρτοποιός

Piekarz

ηλεκτρολόγος

Elektryk

οικοδόμος

Robotnik budowlany

μηχανολόγος

Inżynier

κρεοπώλης

Rzeźnik

υδραυλικός

Instalator

ταχυδρόμος

Listonosz

στρατιώτης
Żołnierz

αρχιτέκτονας
Architekt

ταμίας
Kasjer

ανθοπώλης
Florysta

κομμωτής
Fryzjer

ελεγκτής εισιτηρίων
Konduktor

μηχανικός
Mechanik

καπετάνιος
Kapitan

οδοντίατρος
Dentysta

επιστήμονας
Naukowiec

ραβίνος
Rabin

ιμάμης
Imam

μοναχός
Mnich

ιερέας
Proboszcz

εργαλεία
Narzędzia

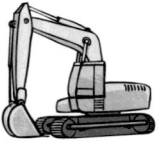

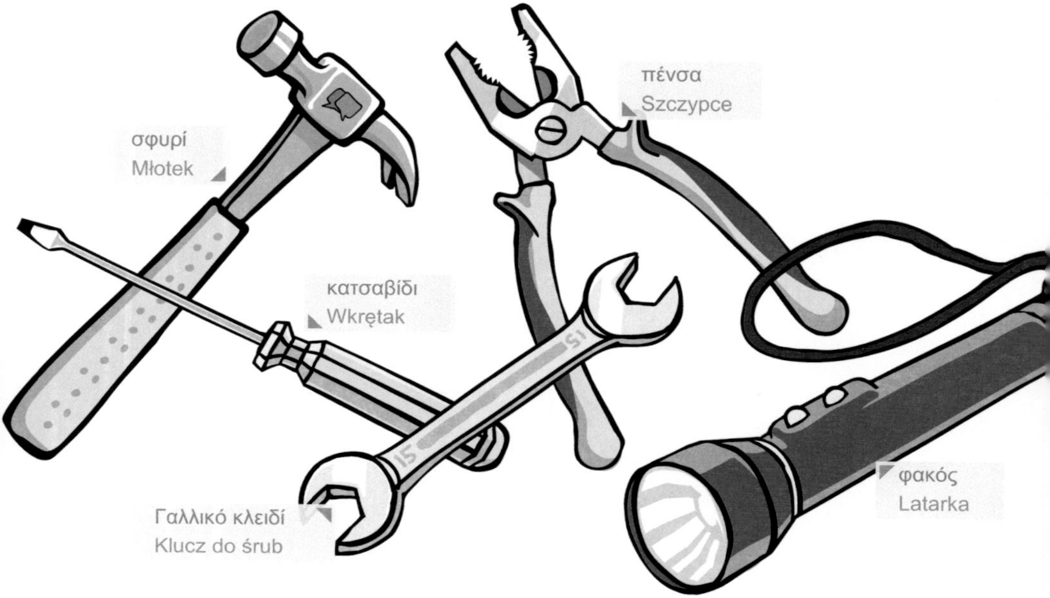

σφυρί
Młotek
πένσα
Szczypce
κατσαβίδι
Wkrętak
Γαλλικό κλειδί
Klucz do śrub
φακός
Latarka

εκσκαφέας

Koparka

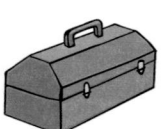

εργαλειοθήκη

Skrzynka narzędziowa

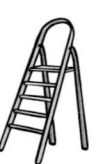

σκάλα

Drabina

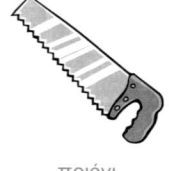

πριόνι

Piła

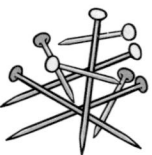

καρφιά

Gwoździe

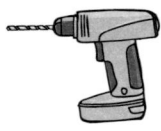

τρυπάνι

Wiertło

επισκευάζω

naprawić

φτυάρι

Łopatka

Να πάρει!

Cholera!

φαράσι

Szufelka

δοχείο χρωμάτων

Puszka z farbą

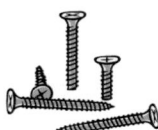

βίδες

Śruby

μουσικά όργανα
Instrumenty muzyczne

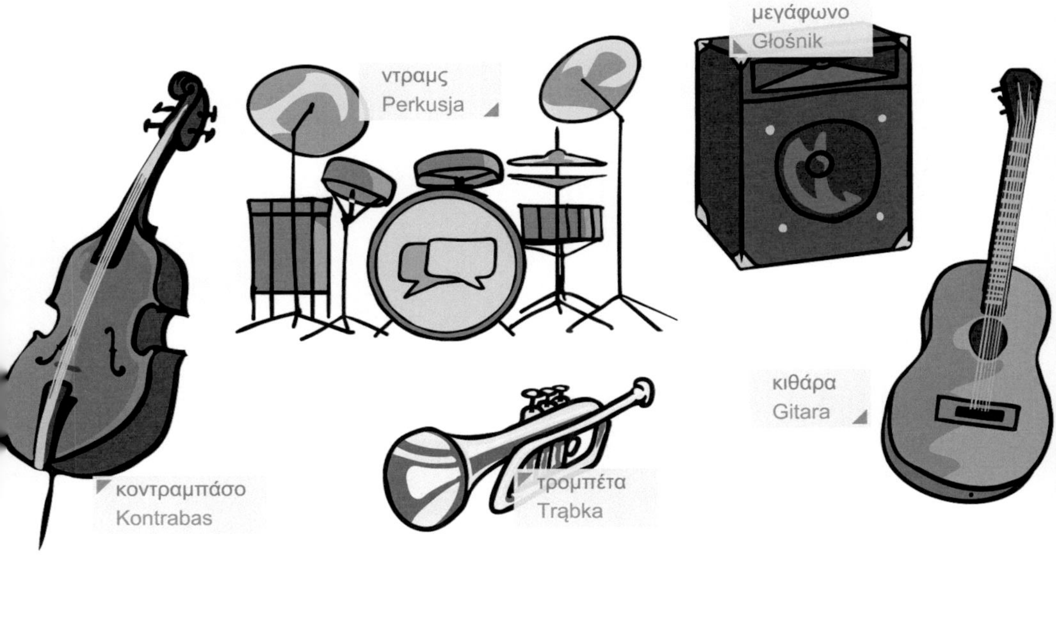

μεγάφωνο
Głośnik

ντραμς
Perkusja

κιθάρα
Gitara

κοντραμπάσο
Kontrabas

τρομπέτα
Trąbka

πιάνο

Pianino

βιολί

Skrzypce

μπάσο

Bas

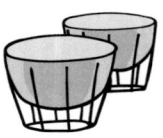

τύμπανα

Kotły

τύμπανο

Bęben

πλήκτρα

Keyboard

σαξόφωνο

Saksofon

φλάουτο

Flet

μικρόφωνο

Mikrofon

ζωολογικός κήπος
Zoo

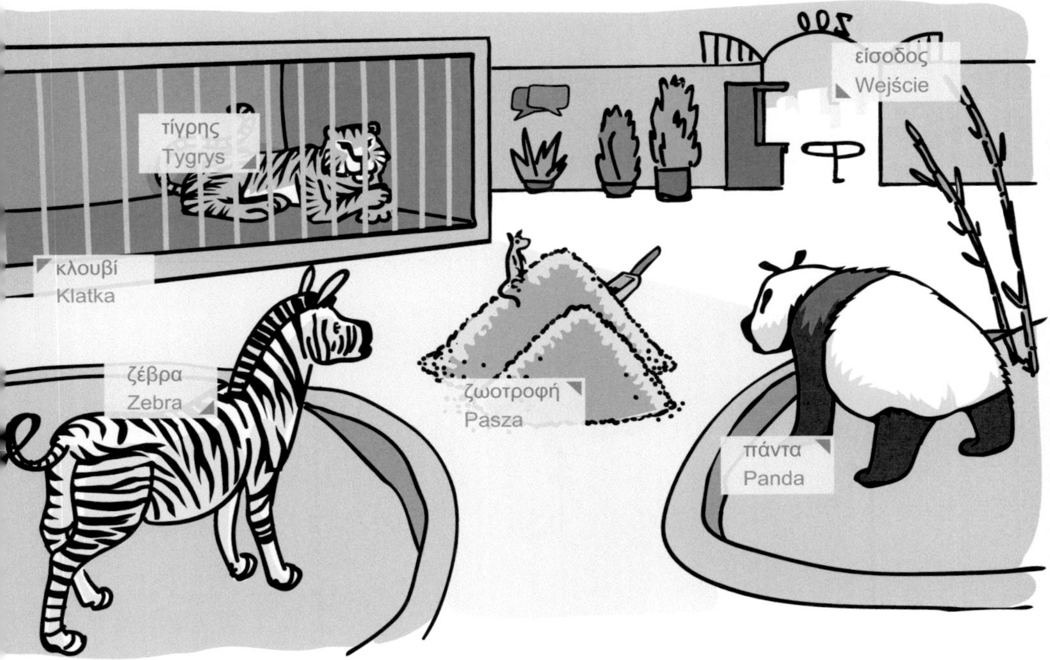

είσοδος
Wejście
τίγρης
Tygrys
κλουβί
Klatka
ζέβρα
Zebra
ζωοτροφή
Pasza
πάντα
Panda

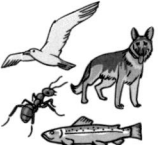

ζώα

Zwierzęta

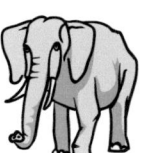

ελέφαντας

Słoń

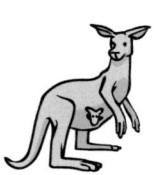

καγκουρό

Kangur

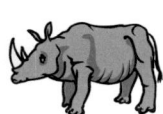

ρινόκερος

Nosorożec

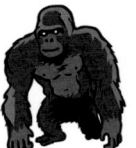

γορίλας

Goryl

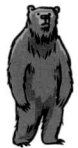

αρκούδα

Niedźwiedź

καμήλα

Wielbłąd

στρουθοκάμηλος

Struś

λιοντάρι

Lew

πίθηκος

Małpa

φλαμίνγκο

Fleming

παπαγάλος

Papuga

πολική αρκούδα

Niedźwiedź polarny

πιγκουίνος

Pingwin

καρχαρίας

Rekin

παγώνι

Paw

φίδι

Wąż

κροκόδειλος

Krokodyl

φύλακας ζωολογικού κήπου

Dozorca w zoo

φώκια

Foka

τζάγκουαρ

Jaguar

πόνυ

Kucyk

λεοπάρδαλη

Gepard

ιπποπόταμος

Hipopotam

καμηλοπάρδαλη

Żyrafa

αετός

Orzeł

αγριογούρουνο

Dzik

ψάρι

Ryba

χελώνα

Żółw

θαλάσσιος ίππος

Mors

αλεπού

Lis

γαζέλα

Gazela

Αμερικάνικο ποδόσφαιρο
Futbol amerykański

ποδηλασία
Kolarstwo

αντισφαίριση
Tenis

μπάσκετ
Koszykówka

κολύμβηση
Pływanie

πυγχαμία
Boks

χόκεϋ επί πάγου
Hokej na lodzie

ποδόσφαιρο
Piłka nożna

μπάντμιντον
Badminton

στίβος
Lekka atletyka

χάντμπολ
Piłka ręczna

σκι
Narciarstwo

πόλο
Polo

δραστηριότητες
Działania

γελάω
śmiać się
πηδάω
skakać
αγκαλιάζω
objąć
περπατάω
iść
τραγουδάω
śpiewać
ονειρεύομαι
marzyć
προσεύχομαι
modlić się
φιλάω
całować

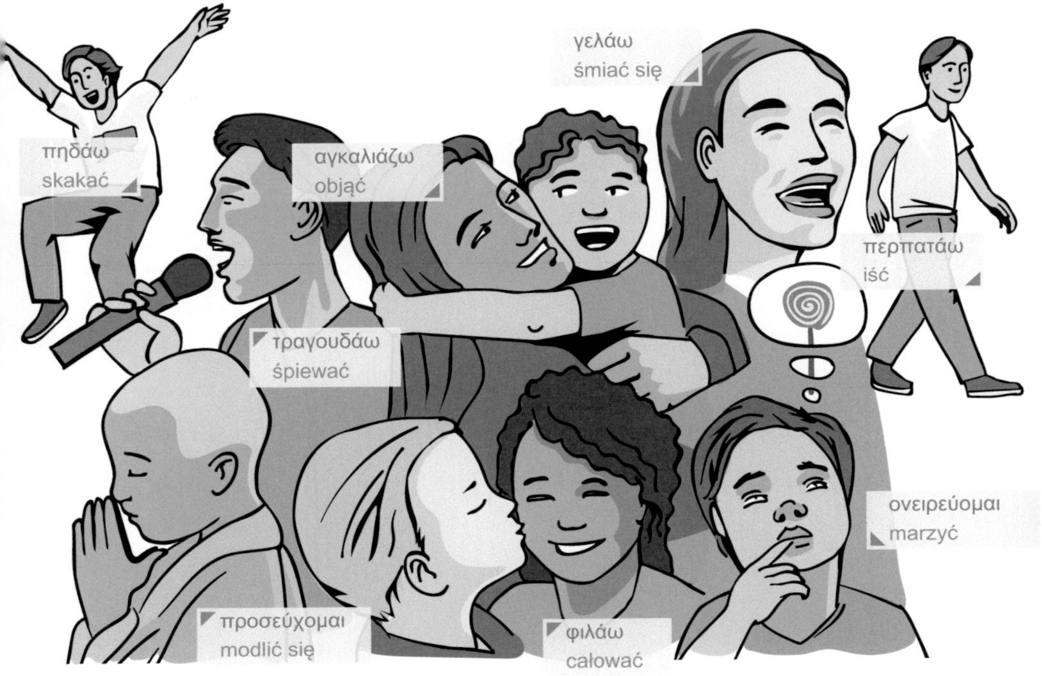

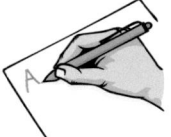

γράφω
pisać

σχεδιάζω
rysować

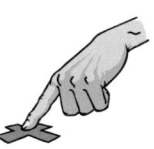

δείχνω
pokazywać

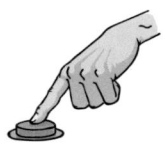

πιέζω
nacisnąć

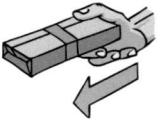

δίνω
dać

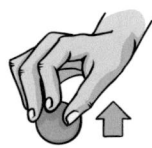

παίρνω
wziąć

έχω

mieć

κάνω

robić

είμαι

być

στέκομαι

stać

τρέχω

biegać

τραβάω

ciągnąć

ρίχνω

rzucać

πέφτω

spaść

ξαπλώνω

leżeć

περιμένω

czekać

κουβαλώ

nosić

κάθομαι

siedzieć

φοράω

zakładać

κοιμάμαι

spać

ξυπνάω

budzić się

κοιτάω

spojrzeć

κλαίω

płakać

χαϊδεύω

głaskać

χτενίζω

czesać się

μιλάω

mówić

καταλαβαίνω

rozumieć

ρωτάω

pytać

ακούω

słyszeć

πίνω

pić

τρώω

jeść

συγυρίζω

sprzątać

αγαπάω

kochać

μαγειρεύω

gotować

οδηγώ

jechać

πετάω

latać

κάνω ιστιοπλοΐα

żeglować

υπολογίζω

liczyć

διαβάζω

czytać

μαθαίνω

uczyć się

δουλεύω

pracować

παντρεύομαι

wejść w związek małżeński

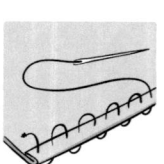

ράβω

szyć

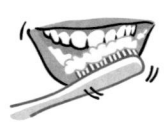

βουρτσίζω τα δόντια

myć zęby

σκοτώνω

zabić

καπνίζω

palić tytoń

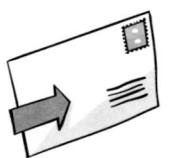

στέλνω

wysłać

οικογένεια
Rodzina

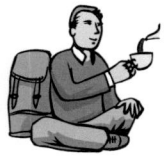

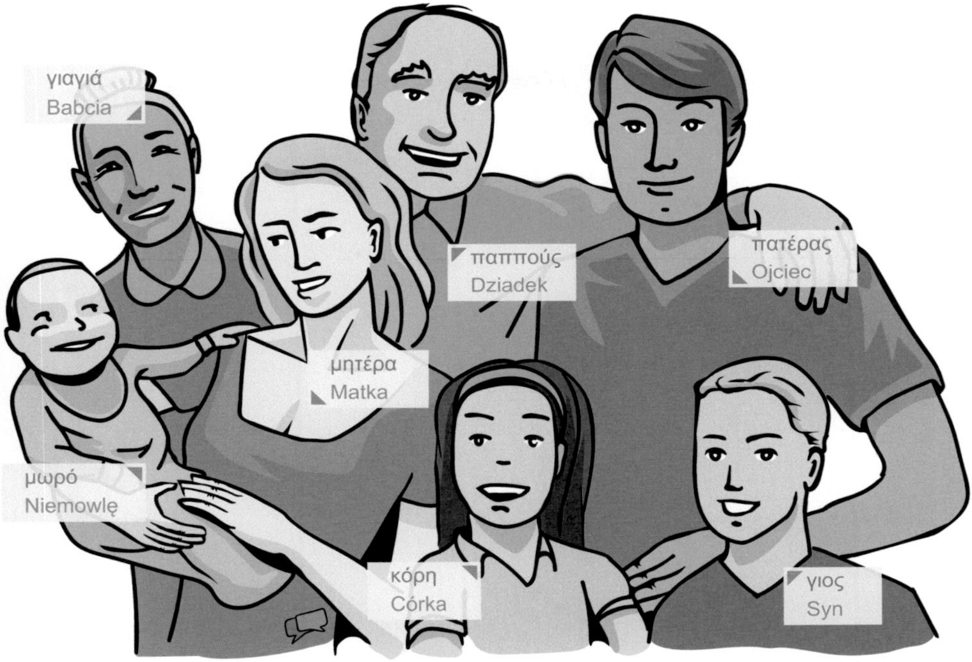
γιαγιά
Babcia
παππούς
Dziadek
πατέρας
Ojciec
μητέρα
Matka
μωρό
Niemowlę
κόρη
Córka
γιος
Syn

καλεσμένος

Gość

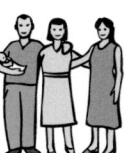

θεία

Ciotka

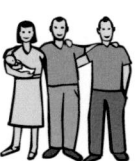

θείος

Wujek

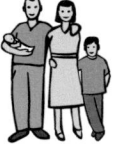

αδελφός

Brat

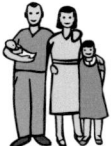

αδελφή

Siostra

σώμα

Ciało

μέτωπο
Czoło
μάτι
Oko
ώμος
Ramię
δάχτυλο
Palec
πρόσωπο
Twarz
πιγούνι
Broda
χέρι
Ręka
πόδι
Noga
στήθος
Pierś
βραχίονας
Ramię

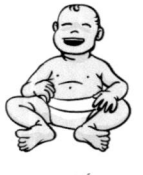

μωρό

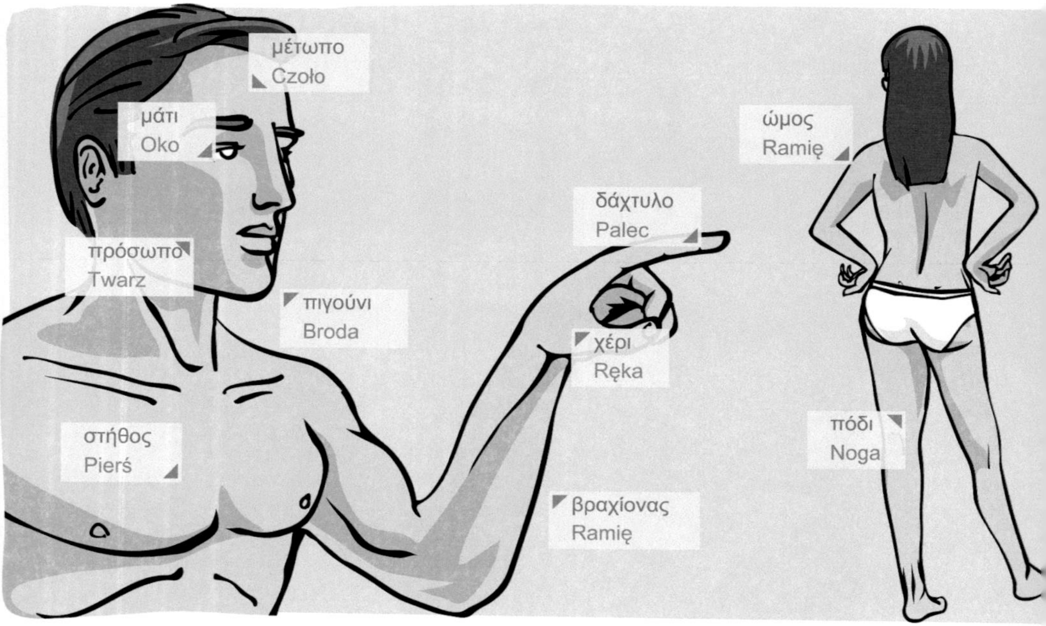

Niemowlę

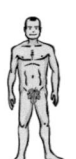

άνδρας

Mężczyzna

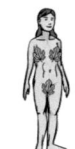

γυναίκα

Kobieta

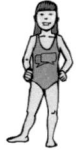

κορίτσι

Dziewczyna

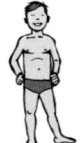

αγόρι

Chłopiec

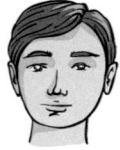

κεφάλι

Głowa

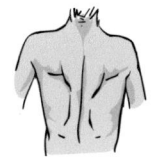

πλάτη

Plecy

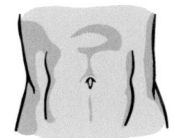

κοιλιά

Brzuch

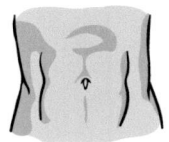

αφαλός

Pępek

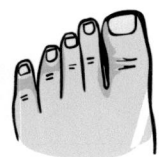

δάχτυλο ποδιού

palec nogi

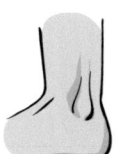

φτέρνα

Pięta

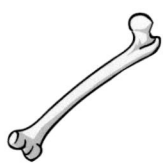

κόκκαλο

Kość

γοφός

Biodro

γόνατο

Kolano

αγκώνας

Łokieć

μύτη

Nos

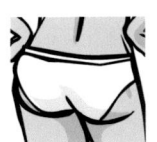

γλουτός

Pośladki

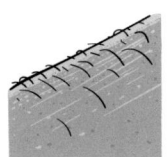

δέρμα

Skóra

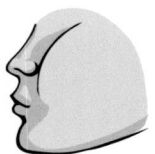

μάγουλο

Policzek

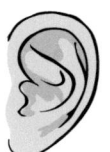

αυτί

Uszy

χείλος

Warga

στόμα

Usta

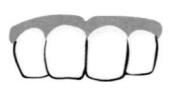

δόντι

Ząb

γλώσσα

Język

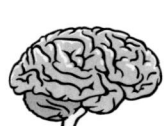

εγκέφαλος

Mózg

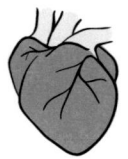

καρδιά

Serce

μυς

Mięsień

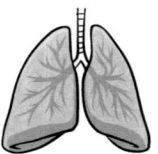

πνεύμονας

Płuca

συκώτι

Wątroba

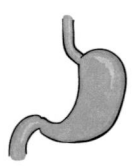

στομάχι

Żołądek

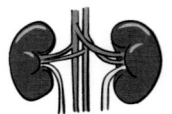

νεφρά

Nerki

σεξουαλική επαφή

Stosunek płciowy

προφυλακτικό

Kondom

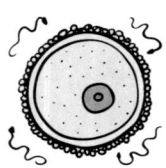

ωάριο

Komórka jajowa

σπέρμα

Sperma

εγκυμοσύνη

Ciąża

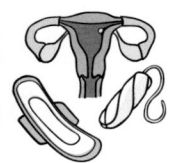

περίοδος

Menstruacja

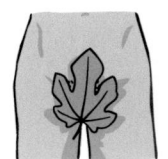

γυναικείος κόλπος

Wagina

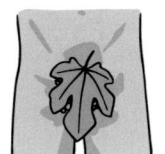

πέος

Penis

φρύδι

Brew

μαλλιά

Włosy

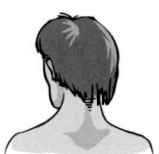

λαιμός

Szyja

νοσοκομείο
Szpital

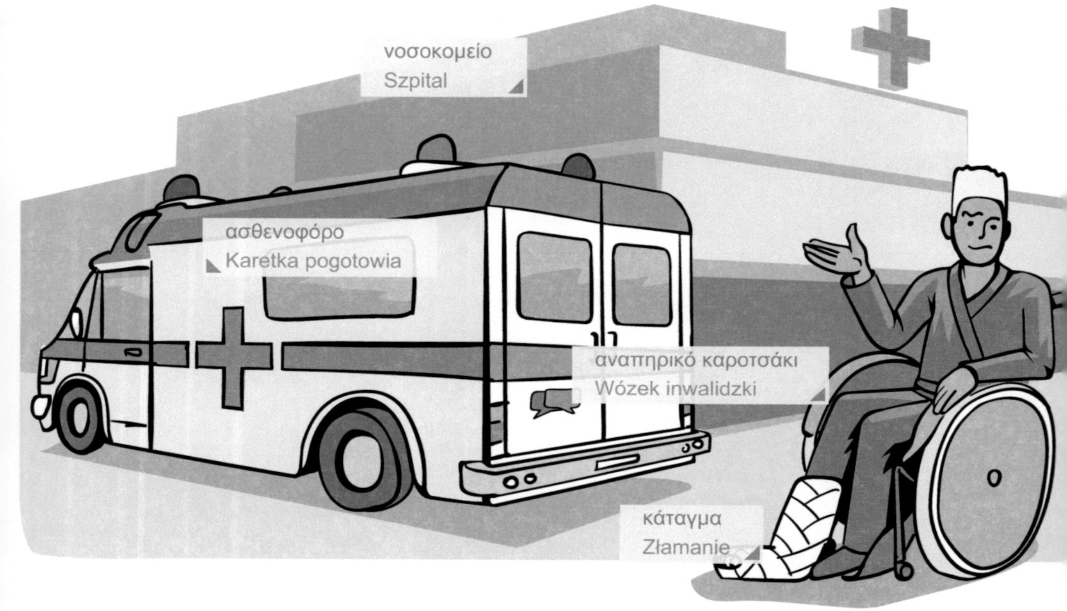

νοσοκομείο
Szpital
ασθενοφόρο
Karetka pogotowia
αναπηρικό καροτσάκι
Wózek inwalidzki
κάταγμα
Złamanie

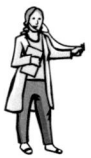

γιατρός

Lekarz

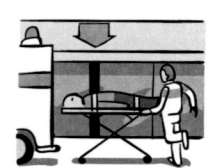

μονάδα εντατικής θεραπείας

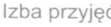

Izba przyjęć

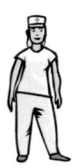

νοσοκόμα

Pielęgniarka

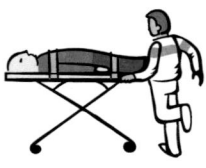

έκτακτη ανάγκη

Nagły przypadek

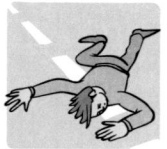

λιπόθυμος

nieprzytomny

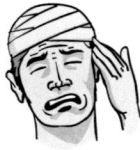

πόνος

Ból

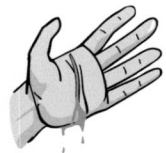

τραύμα

Skaleczenie

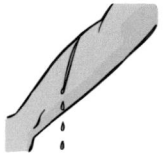

αιμορραγία

Krwawienie

έμφραγμα

Zawał serca

εγκεφαλικό

Udar mózgu

αλλεργία

Alergia

βήχας

Kaszleć

πυρετός

Gorączka

γρίπη

Grypa

διάρροια

Biegunka

πονοκέφαλος

Ból głowy

καρκίνος

Rak

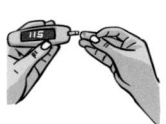

διαβήτης

Cukrzyca

χειρουργός

Chirurg

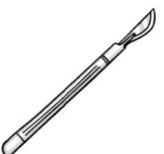

νυστέρι

Skalpel

εγχείρηση

Operacja

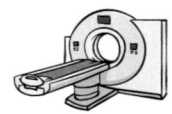

αξονική τομογραφία

CT

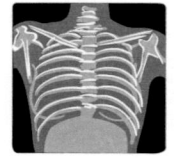

ακτινογραφία

Rentgen

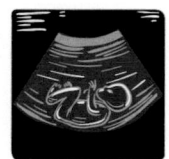

υπέρηχος

Ultradźwięki

μάσκα

Maska

ασθένεια

Choroba

αίθουσα αναμονής

Poczekalnia

πατερίτσα

Kula

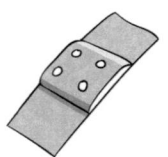

χάνσαπλαστ

Plaster

επίδεσμος

Opatrunek

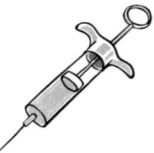

ένεση

Iniekcja

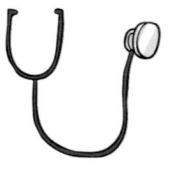

στηθοσκόπιο

Stetoskop

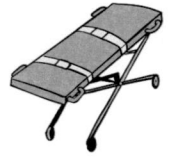

φορείο

Nosze

θερμόμετρο

Termometr

γέννηση

Poród

υπέρβαρο

Nadwaga

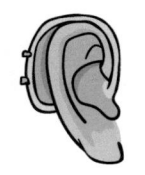

ακουστικό βαρηκοΐας

Aparat słuchowy

αντισηπτικό

Środek dezynfekcyjny

λοίμωξη

Infekcja

ιός

Wirus

HIV/AIDS

HIV / AIDS

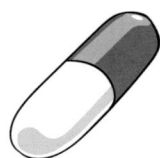

φάρμακο

Medycyna

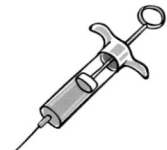

εμβολιασμός

Szczepienie

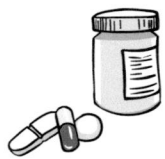

δισκία

Tabletki

χάπι

Pigułka

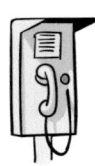

κλήση έκτακτης ανάγκης

Telefon ratunkowy

πιεσόμετρο αίματος

Ciśnieniomierz krwi

άρρωστος / υγιής

chory / zdrowy

Βοήθεια!

Pomocy!

συναγερμός

Alarm

βιαιοπραγία

Napad

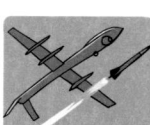

επίθεση

Atak

κίνδυνος

Niebezpieczeństwo

έξοδος κινδύνου

Wyjście awaryjne

Φωτιά!

Pożar!

πυροσβεστήρας

Gaśnica

ατύχημα

Wypadek

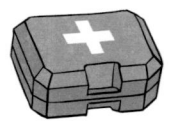

κουτί πρώτων βοηθειών

Walizeczka pierwszej
pomocy

SOS

SOS

αστυνομία

Policja

Ευρώπη

Europa

Βόρεια Αμερική

Ameryka Północna

Νότια Αμερική

Ameryka Południowa

Αφρική

Afryka

Ασία

Azja

Αυστραλία

Australia

Ατλαντικός Ωκεανός

Atlantyk

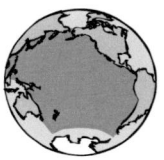

Ειρηνικός Ωκεανός

Pacyfik

Ινδικός Ωκεανός

Ocean Indyjski

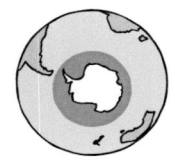

Ανταρκτικός Ωκεανός

Ocean Antarktyczny

Αρκτικός Ωκεανός

Ocean Arktyczny

Βόρειος Πόλος

Biegun północny

Νότιος Πόλος

Biegun południowy

Ανταρκτική

Antarktyda

Γη

Ziemia

γη

Kraj

θάλασσα

Morze

νησί

Wyspa

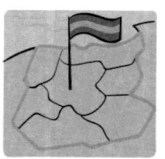

έθνος

Naród

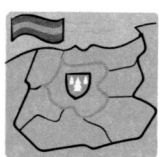

πολιτεία

Państwo

καντράν ρολογιού

Cyferblat

ωροδείκτης

Wskazówka godzinowa

λεπτοδείκτης

Wskazówka minutowa

δείκτης δευτερολέπτων

Wskazówka sekundowa

Τι ώρα είναι;

Która godzina?

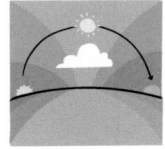

ημέρα

Dzień

χρόνος

Czas

τώρα

teraz

ψηφιακό ρολόι

Zegarek digitalny

λεπτό

Minuta

ώρα

Godzina

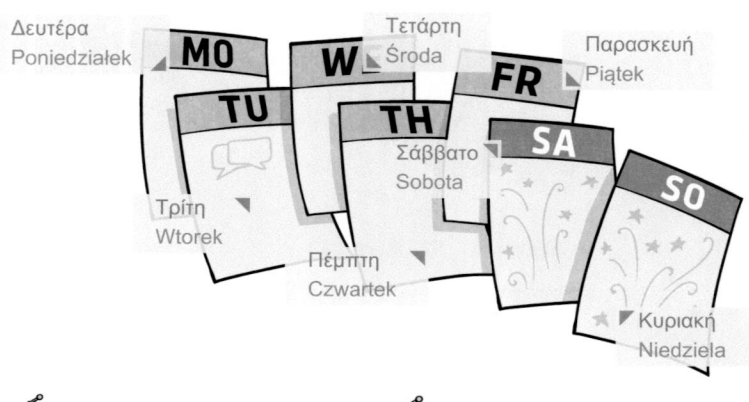

Δευτέρα
Poniedziałek — MO

Τετάρτη
Środa — W

Παρασκευή
Piątek — FR

TU

TH

Σάββατο
Sobota — SA

Τρίτη
Wtorek

SO

Πέμπτη
Czwartek

Κυριακή
Niedziela

χθες

wczoraj

σήμερα

dzisiaj

αύριο

jutro

πρωί

Rano

μεσημέρι

Południe

βράδυ

Wieczór

εργάσιμες ημέρες

Dni robocze

Σαββατοκύριακο

Weekend

βροχή
Deszcz

ουράνιο τόξο
Tęcza

χιόνι
Śnieg

άνεμος
Wiatr

άνοιξη
Wiosna

φθινόπωρο
Jesień

καλοκαίρι
Lato

χειμώνας
Zima

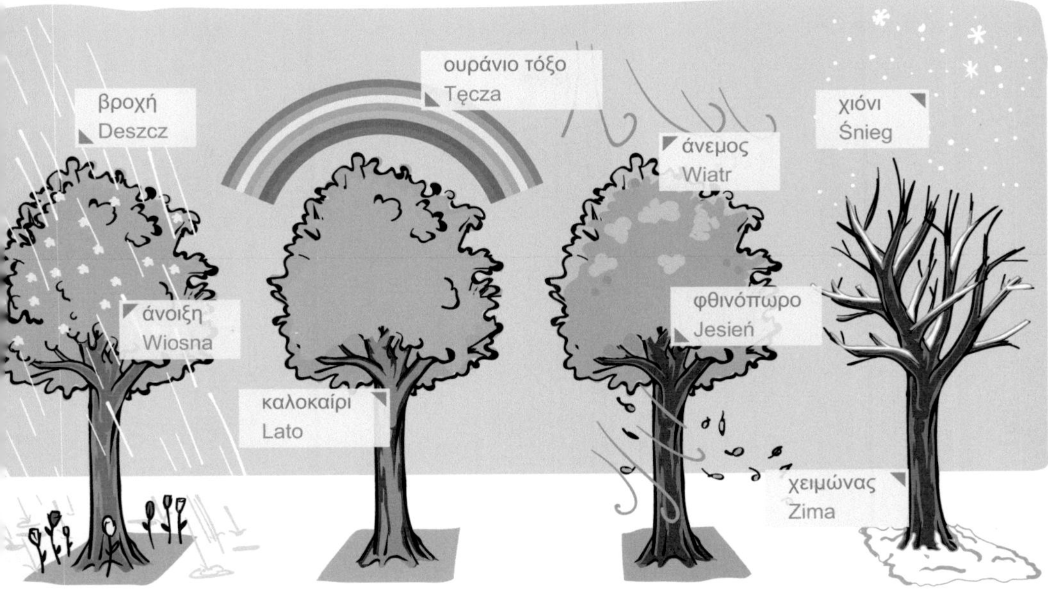

πρόγνωση καιρού

Prognoza pogody

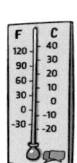

θερμόμετρο

Termometr

λιακάδα

Światło słoneczne

σύννεφο

Chmura

ομίχλη

Mgła

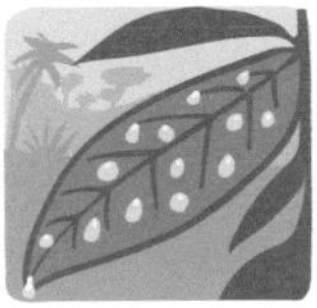

υγρασία

Wilgotność powietrza

αστραπή

Błyskawica

κεραυνός

Grzmot

καταιγίδα

Sztorm

χαλάζι

Grad

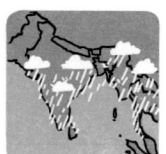

μουσώνας

Monsun

πλημμύρα

Potop

πάγος

Lód

Ιανουάριος

Styczeń

Φεβρουάριος

Luty

Μάρτιος

Marzec

Απρίλιος

Kwiecień

Μάιος

Maj

Ιούνιος

Czerwiec

Ιούλιος

Lipiec

Αύγουστος

Sierpień

Σεπτέμβριος

Wrzesień

Οκτώβριος

Październik

Νοέμβριος

Listopad

Δεκέμβριος

Grudzień

σχήματα
Kształty

κύκλος

Koło

τετράγωνο

Kwadrat

ορθογώνιο
παραλληλόγραμμο
Prostokąt

τρίγωνο

Trójkąt

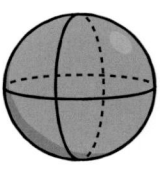

σφαίρα

Kula

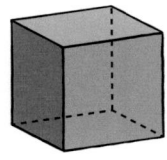

κύβος

Sześcian

άσπρο

biały

κίτρινο

żółty

πορτοκαλί

pomarańczowy

ροζ

różowy

κόκκινο

czerwony

μωβ

liliowy

μπλε

niebieski

πράσινο

zielony

καφέ

brązowy

γκρι

szary

μαύρο

czarny

πολύ / λίγο

dużo / mało

θυμωμένος / ήρεμος

wściekły / spokojny

όμορφος / άσχημος

piękny / brzydki

αρχή / τέλος

początek / koniec

μεγάλος / μικρός

duży / mały

φωτεινός / σκοτεινός

jasny / ciemny

αδελφός / αδελφή

brat / siostra

καθαρός / λερωμένος

czysty / brudny

πλήρης / ατελής

kompletny / niekompletny

ημέρα / νύχτα

dzień / noc

νεκρός / ζωντανός

umarły / żywy

φαρδύς / στενός

szeroki / wąski

βρώσιμος / μη βρώσιμος

jadalny / niejadalny

κακός / ευγενικός

zły / uprzejmy

ενθουσιασμένος / βαριεστημένος

podniecony / znudzony

παχύς / λεπτός

gruby / chudy

πρώτος / τελευταίος

najpierw / na końcu

φίλος / εχθρός

przyjaciel / wróg

γεμάτος / άδειος

pełen / pusty

σκληρός / μαλακός

twardy / miękki

βαρύς / ελαφρύς

ciężki / lekki

πείνα / δίψα

głód / pragnienie

άρρωστος / υγιής

chory / zdrowy

παράνομος / νόμιμος

nielegalny / legalny

έξυπνος / χαζός

inteligentny / głupi

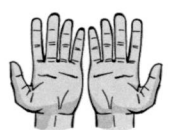

αριστερός / δεξιός

lewo / prawo

κοντινός / μακρινός

bliski / daleki

καινούριος /
μεταχειρισμένος

nowy / używany

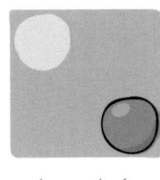

τίποτα / κάτι

nic / coś

γέρος | νέος

stary / młody

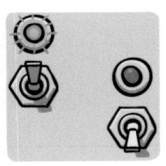

αναμμένος / σβηστός

włącz / wyłącz

ανοιχτός / κλειστός

otwarty / zamknięty

χαμηλόφωνος /
μεγαλόφωνος
cichy / głośny

πλούσιος / φτωχός

bogaty / biedny

σωστός / λανθασμένος

prawidłowy / błędny

τραχύς / λείος

chropowaty / gładki

λυπημένος / χαρούμενος

smutny / szczęśliwy

κοντός / μακρύς

krótki / długi

αργός / γρήγορος

powolny / szybki

υγρός / στεγνός

mokry/suchy

ζεστός / δροσερός

ciepły / chłodny

πόλεμος / ειρήνη

wojna / pokój

0

μηδέν

zero

1

ένα

jeden

2

δύο

dwa

3

τρία

trzy

4

τέσσερα

cztery

5

πέντε

pięć

6

έξι

sześć

7

εφτά

siedem

8

οκτώ

osiem

9

εννιά

dziewięć

10

δέκα

dziesięć

11

έντεκα

jedenaście

12

δώδεκα

dwanaście

13

δεκατρία

trzynaście

14

δεκατέσσερα

czternaście

15

δεκαπέντε

piętnaście

16

δεκαέξι

szesnaście

17

δεκαεφτά

siedemnaście

18

δεκαοκτώ

osiemnaście

19

δεκαεννέα

dziewiętnaście

20

είκοσι

dwadzieścia

100

εκατό

sto

1.000

χίλια

tysiąc

1.000.000

εκατομμύριο

milion

Αγγλικά

Angielski

Αμερικάνικα Αγγλικά

Angielski amerykański

Μανδαρίνικα Κινέζικα

Chiński mandaryński

Χίντι

Hindi

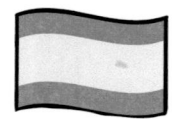

Ισπανικά

Hiszpański

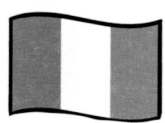

Γαλλικά

Francuski

Αραβικά

Arabski

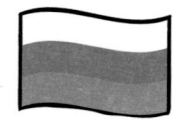

Ρώσικα

Rosyjski

Πορτογαλικά

Portugalski

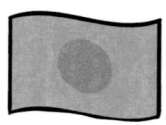

Μπενγκάλι

Bengalski

Γερμανικά

Niemiecki

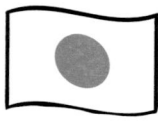

Ιαπωνικά

Japoński

εγώ
ja

εσύ
ty

αυτός / αυτή / αυτό
on / ona / ono

εμείς
my

εσείς
wy

αυτοί / αυτές / αυτά
oni

ποιος / ποια / ποιο;
kto?

τι;
co?

πώς;
jak?

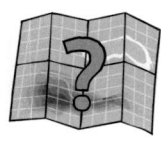

πού;
gdzie?

πότε;
kiedy?

όνομα
Nazwisko

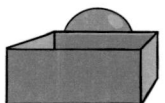

πίσω

za

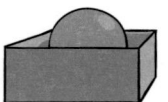

μέσα

w

μπροστά

przed

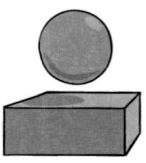

πάνω από

powyżej

πάνω

na

κάτω

pod

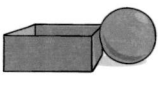

δίπλα

obok

ανάμεσα

między

μέρος

Miejsce